教育部2017年度高校示范马克思主义学院和优秀教学科研团队建设项目重点选题
——职业院校思想政治理论课实践教学研究（17JDSZK031）项目成果

新时代高职院校
思想政治理论课实践教学研究

单守金◎著

北京师范大学出版集团
BEIJING NORMAL UNIVERSITY PUBLISHING GROUP
安徽大学出版社

图书在版编目(CIP)数据

新时代高职院校思想政治理论课实践教学研究 / 单守金著.—合肥:安徽大学出版社,2022.8
ISBN 978-7-5664-2406-8

Ⅰ.①新… Ⅱ.①单… Ⅲ.①高等职业教育－思想政治教育－教学研究－中国 Ⅳ.①G711

中国版本图书馆 CIP 数据核字(2022)第 029172 号

新时代高职院校思想政治理论课实践教学研究
xinshidai gaozhi yuanxiao sixiangzhengzhi lilunke shijian jiaoxue yanjiu

单守金 著

出版发行	北京师范大学出版集团 安徽大学出版社 (安徽省合肥市肥西路 3 号邮编 230039) www.bnupg.com www.ahupress.com.cn
印　　刷	安徽昶颉包装印务有限责任公司
经　　销	全国新华书店
开　　本	710mm×1000mm　1/16
印　　张	12.75
字　　数	215 千字
版　　次	2022 年 8 月第 1 版
印　　次	2022 年 8 月第 1 次印刷
定　　价	48.00 元
ISBN	978-7-5664-2406-8

策划编辑:马晓波　李　健	装帧设计:李　军　孟献辉
责任编辑:马晓波　李　健	美术编辑:李　军
责任校对:刘婷婷	责任印制:陈　如　孟献辉

版权所有　侵权必究

反盗版、侵权举报电话:0551-65106311
外埠邮购电话:0551-65107716
本书如有印装质量问题,请与印制管理部联系调换。
印制管理部电话:0551-65106311

前言

"人的思维是否具有客观的真理性,这不是一个理论的问题,而是一个实践的问题","全部社会生活在本质上是实践的"。① 人们思想观念的形成、发展离不开实践。实践活动在个体思想政治素质形成和发展中发挥着重要的作用。如何发挥高校思想政治理论课的重要作用,使学生真正能够将思想理论入耳、入脑、入心,做到真学、真懂、真信、真用,是高校思想政治理论课教学的重大课题。思想政治理论课是高校实践育人的重要平台。高校思想政治理论课实践教学在加强大学生价值观教育和引领、促进成长成才、推进教学改革以及社会服务方面具有重要意义。

中国特色社会主义进入新时代,意识形态工作的重要性更加凸显。大学生是民族的未来、国家的希望,是肩负中华民族复兴大任的时代新人。加强大学生思想政治教育是我国意识形态工作的重要环节,高校思想政治理论课则是高校思想政治教育的主阵地。新时代高校的使命在于立德树人。2019年3月18日,习近平总书记在学校思想政治理论课教师座谈会上,指出思想政治理论课是"落实立德树人根本任务的关键课程",强调"办好思想政治理论课,最根本的是要全面贯彻党的教育方针,解决好培养什么人、

---

① 《马克思恩格斯选集(第1卷)》,北京:人民出版社,1995年,第55~56页。

怎样培养人、为谁培养人这个根本问题",要不断增强思想政治理论课的思想性、理论性和亲和力、针对性,强调坚持理论性与实践性相统一,用科学理论培养人,重视思政课的实践性,把思政小课堂同社会大课堂结合起来。[①] 2019年8月,中共中央办公厅、国务院办公厅印发《关于深化新时代学校思想政治理论课改革创新的若干意见》,强调:"坚持开门办思政课,推动思政课实践教学与学生社会实践活动、志愿服务活动结合,思政小课堂和社会大课堂结合,鼓励党政机关、企事业单位等就近与高校对接,挂牌建立思政课实践教学基地,完善思政课实践教学机制。"2020年12月,中共中央宣传部、教育部印发《新时代学校思想政治理论课改革创新实施方案》,指出:"各高校要规范实践教学,把思想政治教育有机融入社会实践、志愿服务、实习实训等活动中,切实提高实践教学实效。"社会实践作为高校思想政治工作的重要环节,是落实立德树人根本任务的有效途径。要办好高校思想政治理论课,高校在加强和改进思想政治理论课理论教学的同时,也要注重突出其实践性的特色,发挥实践教学的育人作用。新时代新形势对高校思想政治理论课的改革创新提出了新任务新要求,我们唯有不断适应新形势新变化,坚持不懈地深入推进高校思想政治理论课的改革创新,真正做到因事而化、因时而进、因势而新,高校思想政治理论课才能真正发挥好主渠道作用,才能迸发出无限生机与活力。实践教学具有参与性强、体验性强、生动性强等特点,成为高校思想政治理论课讲道理的有效方式。高校思政课实践教学作为大学生思想政治教育的重要渠道和思想政治理论课的重要组成部分,其目的是使大学生在实践中验证高校思政课理论并使其真懂、真信、真用,帮助其树立正确的世界观、人生观和价值观,并在实践中不断提高其运用马克思主义的立场、观点、方法分析和解决各种问题的能力。各高校要准确把握新时代赋予实践教学的使命,着力推进思政课实践教学改革创新。

目前实践教学是提高人才培养质量的突破点,对高校思想政治理论课实践教学进行研究具有重要的理论意义和实践意义。近年来,很多高校围绕"培养什么人、如何培养人",探索实践教学工作。学术界也对高校思想政治理论课实践教学工作存在的问题以及相应的对策作了大量的探讨,取得了不少理论成果,但高校思想政治理论课实践教学仍然存在一些不足之处,

---

① 《用新时代中国特色社会主义思想铸魂育人 贯彻党的教育方针落实立德树人根本任务》,载《人民日报》,2019年3月19日第1版。

缺乏系统性、全面性、深入性的研究。高校思想政治理论课实践教学研究要适应时代要求,针对存在的不足,积极运用多学科的理论和方法,理念、内容、形式和方法都需要与时俱进地进行改革创新。

加强高校思想政治理论课实践教学研究,对于推进高校思想政治理论课实践教学改革创新,强化立德树人,提高大学人才培养的质量,培养全面发展的社会主义建设者和接班人至关重要。目前高校思想政治理论课实践教学尚有进一步研究的空间,思想政治理论课实践教学的概念需要进一步澄清,思想政治理论课实践教学的内在机理需要再定位,思想政治理论课实践教学的生成过程需要再探讨,思想政治理论课实践教学的现状需要再剖析,思想政治理论课实践教学的实施路径需要再明晰等。

本书立足于高职院校思想政治理论课实践教学改革发展和全面提高高职院校思想政治理论课质量及实效性这一主题,在梳理和总结已有经验成果的基础上,遵循"提出问题—分析问题—解决问题"的逻辑思路,系统梳理高职院校思想政治理论课实践教学的相关理论之源,深刻把握高职院校思想政治理论课实践教学的本质内涵,探讨高职院校思想政治理论课实践教学的发展历程和经验成效,探究高职院校思想政治理论课实践教学的生成过程和内在机理,从认识论的层面分析高职院校思想政治理论课实践教学现状,反思高职院校思想政治理论课实践教学存在的问题及成因,进而明确高职院校思想政治理论课实践教学的目标和模式,从而在方法论的层面探讨行之有效地进一步加强和改进高职院校思想政治理论课实践教学的基本策略,形成系统可行的高职院校思想政治理论课实践教学运行机制,全面构建高职院校思想政治理论课实践教学体系,明确新时代高职院校思想政治理论课实践教学的实施路径和应对策略,切实提升新时代高职院校思想政治理论课实践教学的针对性和实效性。

本书可以为高校特别是高职院校开展思想政治理论课实践教学和相关学者开展研究提供一定的参考。

单守金

2022 年 7 月

目录
CONTENTS

绪论	001
第一章 高职院校思想政治理论课实践教学的研究意义和研究现状	010
第一节 高职院校思想政治理论课实践教学的研究意义	011
第二节 高职院校思想政治理论课实践教学的研究现状	014
第二章 高职院校思想政治理论课实践教学的理论阐释和价值意蕴	027
第一节 高职院校思想政治理论课实践教学的理论阐释	027
第二节 高职院校思想政治理论课实践教学的价值意蕴	043
第三章 高校思想政治理论课实践教学的发展历程和经验成效	049
第一节 高校思想政治理论课实践教学的发展历程	049
第二节 高校思想政治理论课实践教学的经验成效	058
第四章 高职院校思想政治理论课实践教学的生成过程和内在机理	066
第一节 高职院校思想政治理论课实践教学的生成过程	066
第二节 高职院校思想政治理论课实践教学的内在机理	074

第五章　高职院校思想政治理论课实践教学的现状调查和问题分析 ·········· 081
第一节　高职院校思想政治理论课实践教学的现状调查 ············· 081
第二节　高职院校思想政治理论课实践教学存在的问题及成因 ·· 109

第六章　新时代高职院校思想政治理论课实践教学的基本目标和主要模式 ··· 118
第一节　新时代高职院校思想政治理论课实践教学的基本目标 ····· 118
第二节　新时代高职院校思想政治理论课实践教学的主要模式 ····· 120

第七章　新时代高职院校思想政治理论课实践教学的运行机制和体系构建 ··· 130
第一节　新时代高职院校思想政治理论课实践教学的运行机制 ····· 130
第二节　新时代高职院校思想政治理论课实践教学的体系构建 ····· 134

第八章　新时代高职院校思想政治理论课实践教学的实施路径和应对策略 ··· 139
第一节　提升高职院校思想政治理论课实践教学的整体认识 ········ 141
第二节　加强高职院校思想政治理论课实践教学的队伍建设 ········ 150
第三节　加强高职院校思想政治理论课实践教学的规范管理 ········ 153
第四节　完善高职院校思想政治理论课实践教学的保障机制 ········ 159

附录1　高校思想政治理论课实践教学调查问卷（学生卷） ············· 163

附录2　高校思想政治理论课实践教学调查问卷（教师卷） ············· 170

参考文献 ·· 178

绪论

一、高职院校思想政治理论课实践教学的研究背景

(一)时代吁求:立德树人和提高人才培养质量的新任务

培养人才是高校的根本任务,大学生的成长成才是高校关注的基本问题。《国家中长期教育改革和发展规划纲要(2010—2020年)》中要求高等教育把立德树人作为首要任务,坚持"育人为本、德育为先"。大学生思想政治教育承担着培养中国特色社会主义事业合格建设者和接班人的神圣历史使命,必须与时俱进,开拓创新,增强吸引力、提高针对性、突出实效性。党和国家一直高度重视大学生思想政治教育的实效性问题,各高校也在积极探索。思想政治理论课是落实立德树人根本任务,培养一代又一代拥护中国共产党领导和我国社会主义制度、立志为中国特色社会主义奋斗终身的有用人才的关键课程。教育与生产劳动相结合、教育与社会实践相结合是党的教育方针的重要内容,理论教育和实践教育相结合是思想政治教育的根本原则。面对新形势、新情况、新问题,党和国家出台了一系列的文件,这些文件的颁布与实施,为高校确立实践育人理念、探索和优化实践育人路径提供了政策上的指导。2004年10月,中共中央、国务院颁发《关于进一步

加强和改进大学生思想政治教育的意见》,"实践育人"首次被用在了党和国家颁布的正式文件中。2005年2月,中共中央宣传部、教育部颁发《关于进一步加强和改进高等学校思想政治理论课的意见》,指出"要切实改进高等学校思想政治理论课教育教学的方式和方法""要加强实践育人""要建立和完善实践育人保障机制,探索实践育人的长效机制";中共中央宣传部、中央文明办、教育部、共青团中央联合印发《关于进一步加强和改进大学生社会实践的意见》,明确了大学生社会实践的工作原则之一是"坚持育人为本,牢固树立实践育人的思想,把提高大学生思想政治素质作为首要任务"。2012年1月,教育部等七部委联合下发《关于进一步加强高校实践育人工作的若干意见》,对加强高校实践育人工作提出具体要求。

习近平总书记在党的十九大报告中庄严宣告:"经过长期努力,中国特色社会主义进入了新时代,这是我国发展新的历史方位。"①党的十八大以来,中国特色社会主义进入了新时代。新时代对党和国家的工作提出了新要求,意味着我国高等教育教学质量改革进入新的发展阶段。高等院校肩负着立德树人、培养和造就担当实现民族伟大复兴大任时代新人的光荣使命,旗帜鲜明地办好思政课是其义不容辞的神圣职责。思政课兼具理论性和实践性双重属性,要办好这门课程,既需要努力在思想和理论深度上下功夫,还需要以行促知,充分发挥实践教学的育人作用。新时代高校思政课实践教学的使命光荣,责任重大。站在新时代的历史节点,思政课实践教学育人工作正发挥着越来越重要的作用,这就要求各高校准确把握新时代赋予实践教学的使命,着力推进思政课实践教学的改革创新。因此,高校思政课实践教学作为大学生思想政治教育的重要渠道和思政课的重要组成部分,如何担当新的使命、展现新的作为,从而进一步发挥实践育人的重要作用,是其当前面临的新课题,也是时代赋予思政课实践教学改革创新的新方向。②

落实立德树人根本任务是新时代思想政治理论课实践教学的核心任务。中国特色社会主义新时代对高等教育领域的新要求就是全面落实新时

---

① 习近平:《决胜全面建成小康社会 夺取新时代中国特色社会主义伟大胜利——在中国共产党第十九次全国代表大会上的报告》,北京:人民出版社,2017年,第10页。
② 刘秀芳、刘小文:《新时代高校思政课实践教学改革路径的思考》,载《大理大学学报》,2020年第7期,第74~79页。

代高等教育方针,完成立德树人的根本任务。立德树人任务的完成有赖于高校思想政治工作。2016年12月,习近平总书记在全国高校思想政治工作会议上指出:"高校立身之本在于立德树人,要坚持把立德树人作为中心环节,把思想政治工作贯穿教育教学全过程。""要用好课堂教学这个主渠道,思想政治理论课要坚持在改进中加强,提升思想政治教育亲和力和针对性,满足学生成长发展需求和期待。"[①]2017年2月,中共中央、国务院印发《关于加强和改进新形势下高校思想政治工作的意见》,提出"注重理论教育和实践活动相结合","要进一步办好高校思想政治理论课,充分发挥思想政治理论课的主渠道作用,深入实施高校思想政治理论课建设体系创新计划","要强化社会实践育人,提高实践育人比重,组织师生参加社会实践活动"。2019年3月,习近平总书记主持召开学校思想政治理论课教师座谈会,再一次强调"办好思想政治理论课,最根本的是要全面贯彻党的教育方针,解决好培养什么人、怎样培养人、为谁培养人这个根本问题",[②]提出要不断增强思想政治理论课的思想性、理论性和亲和力、针对性,强调坚持理论性与实践性相统一,用科学理论培养人,重视思政课的实践性,把思政小课堂同社会大课堂结合起来。2019年8月,中共中央办公厅、国务院办公厅印发《关于深化新时代学校思想政治理论课改革创新的若干意见》,强调:"坚持开门办思政课,推动思政课实践教学与学生社会实践活动、志愿服务活动结合,思政小课堂和社会大课堂结合,鼓励党政机关、企事业单位等就近与高校对接,挂牌建立思政课实践教学基地,完善思政课实践教学机制。"2020年12月,中共中央宣传部、教育部印发《新时代学校思想政治理论课改革创新实施方案》,指出:"各高校要规范实践教学,把思想政治教育有机融入社会实践、志愿服务、实习实训等活动中,切实提高实践教学实效。"社会实践作为高校思想政治工作的重要环节,是落实立德树人根本任务的有效途径。要办好这门课程,高校在加强和改进思政课理论教学的同时,也要注重突出其实践性的特色,发挥实践教学育人的重要作用。思政课实践教学作为与理论教学并重的教学环节,同样是落实立德树人根本任务的重要

---

① 《习近平在全国高校思想政治工作会议上强调:把思想政治工作贯穿教育教学全过程 开创我国高等教育事业发展新局面》,载《人民日报》,2016年12月9日第1版。
② 《用新时代中国特色社会主义思想铸魂育人 贯彻党的教育方针落实立德树人根本任务》,载《人民日报》,2019年3月19日第1版。

形式。为此,新时代思政课实践教学必须紧扣"立德树人"这一核心任务,将其融入教学的各个环节,教育引导学生在实践体验中立鸿鹄之志、勇做奋斗者,为实现中华民族伟大复兴贡献力量。

培育时代新人是新时代思政课实践教学的根本目标。新时代背景下,中国高等教育面临着新的历史任务和新的历史使命。培养什么人、怎样培养人、为谁培养人是新时代我国高等院校思想政治工作需要解决的根本问题、核心问题。2019年3月,习近平总书记在学校思想政治理论课教师座谈会上强调:"加快推进教育现代化、建设教育强国、办好人民满意的教育,努力培养担当民族复兴大任的时代新人,培养德智体美劳全面发展的社会主义建设者和接班人。"①习近平总书记的重要讲话为思政课实践教学提供了全新视角和时代内涵,成为新时代思政课实践教学的根本目标,有助于教师从思想认识上增强开展思政课实践教学的积极性和主动性。近年来,高校围绕"培养什么人、如何培养人",着力培养学生的创新意识,提高学生的实践能力,增强新时代大学生思想政治教育的实效性,对实践育人作了有益的探索。大学生正处于人生的成熟与社会化加速发展时期,通过实践,不仅能获取知识,而且有利于自身良好思想品格的形成。坚持理论学习、创新思维与社会实践相统一,坚持向实践学习、向人民群众学习,是大学生成长成才的必由之路。实践育人是新时代加强和改进大学生思想政治教育的有效途径,有利于高校思想政治理论课的质量提升和实效性增强。思想政治理论课是高校实践育人的重要平台,对大学生坚定理想信念,增强服务国家与人民的社会责任感,培养勇于探索的创新精神和善于解决问题的实践能力,具有不可替代的重要作用。加强高校思想政治理论课实践育人工作,对推进素质教育、培养创新人才、建设创新型国家意义重大。但长期以来我们所实行的教育模式忽视实践育人与素质教育,导致培育出的人才缺乏实践能力,进而缺乏创新能力和创业能力。目前实践育人是人才培养过程中非常薄弱的环节,也是提高人才培养质量的切入点。近年来,虽然学术界对高校思想政治理论课实践育人工作存在的问题以及相应的对策作了大量的探讨,但高校思想政治理论课实践育人仍然难以走出困境,这值得我们深思。因此,思政课实践教学更应该从符合社会发展需要和满足青年学生成长需

---

① 《用新时代中国特色社会主义思想铸魂育人 贯彻党的教育方针落实立德树人根本任务》,载《人民日报》,2019年3月19日第1版。

求入手,坚持问题导向,提升思政课教学质量。这就要求新时代思政课实践教学必须适应时代要求,以实践教学为依托,将立德树人作为重心,贯穿整个教学过程,实现课程育人和实践育人,从理念、内容、形式到方法都需要与时俱进地进行改革创新,开展新时代高校思想政治理论课实践教学研究。

(二)现实困境:高校思想政治理论课实践教学面临的新挑战

高校思想政治理论课承担着对大学生进行系统的马克思主义理论教育的任务,是对大学生进行思想政治教育的主渠道。其根本任务在于通过对学生进行系统的马克思主义理论教育,培养和提高大学生运用马克思主义立场、观点和方法分析问题和解决问题的能力,帮助大学生树立正确的世界观、人生观和价值观。尽管高校思政课已经取得了丰硕的成果,但其作用还未得到充分发挥,课程实效性弱化的态势显露。这集中表现为学生对马克思主义理论的学习知识化,学生的实践能力亟待提升。而实现思想政治理论课教学目标的关键就在于学生要有将理论与实践相结合的能力,因此非常有必要开展思想政治理论课实践育人研究与探索,使学生在实践中体悟马克思主义的巨大魅力,学会依据马克思主义的基本理论及其立场、观点与方法观察、分析和研究新问题、新情况。

但是,目前高校、学生和社会对实践教学地位与作用认识不到位,大学生实践教学组织实施过程中管理机制、组织形式和学生参与面有待完善,"理论教育与实践教育割裂"的情况还较严重,高校思想政治理论课实践教学的育人功能相对薄弱、效果整体不佳,在较大程度上削弱了高校思想政治教育的实效性。思想政治理论课的根本理念是实践育人,包括理论教学和实践教学两个环节。思想政治理论课要求理论教学必须借助于实践环节,要有实践的资源、实践的手段,而实践教学环节必须有理论视野或者理论教学,二者之间是互动的、互为条件的。我们有时候把思想政治理论课实践教学与理论教学割裂开来,恰恰是目前思想政治理论课实践教学当中最大的短板。实践教学依然是高校人才培养中的薄弱环节和提高人才培养质量的突破口。这一方面充分说明实践对大学生成长的极端重要性,另一方面也说明当前高校思想政治理论课实践教学存在严重不足。重视并切实解决高校思想政治理论课实践教学问题成为当前高校面临的重要而又紧迫的任务。

二、高职院校思想政治理论课实践教学的研究框架

绪论。高职院校思想政治理论课实践教学的研究背景、研究框架。

第一章,高职院校思想政治理论课实践教学的研究意义和研究现状。思想政治理论课是高校实践育人的重要平台,对大学生坚定理想信念,增强服务国家与人民的社会责任感,培养勇于探索的创新精神和善于解决问题的实践能力,具有不可替代的重要作用。因此,必须加强高校思想政治理论课实践教学研究,加强和改进高校思想政治理论课实践教学工作,提升实践育人的科学水平,对于贯彻落实立德树人的根本任务,提升高校人才培养质量,培养德智体美劳全面发展的社会主义建设者和接班人具有重要的理论意义与实践意义。

思想政治理论课是思想政治教育的主渠道,实践教学是实践育人、实践教育的一部分。改革开放以来,从工作层面对实践教学关注较多,学术界对实践教学关注较晚。中共中央、国务院和教育部等出台思想政治工作文件强调实践育人工作和思政课实践教学之后,学术界才开始重视高校实践育人工作和思政课实践教学。随着我国高等教育改革的深入推进,各高校在思想政治理论课实践教学方面都开展了一些工作,实践内容不断丰富,实践形式不断拓展,取得了一定成绩。进入21世纪以来,特别是在高等教育大众化的挑战和全面提高高等教育质量的新要求下,高校思想政治理论课实践教学越来越受到重视,高校思想政治理论课实践教学研究逐步走向深入,相关的研究成果对高职院校思想政治理论课实践教学研究进行了很好的铺垫。实践教育是高等教育不可或缺的有机组成部分,也是世界高等教育发展的共同趋势。国外十分重视实践教育,非常注重培养学生解决实际问题的能力,引导学生进行动手实践,欧美国家的研究者从19世纪中期就开始研究实践教育的问题。

总的来说,当前学术界对思想政治理论课实践教学予以相当多的关注,研究也日渐增多,已经取得了一些成果,具有一定的研究基础,这些成果对进一步研究大有裨益。但从当前的研究成果来看,存在实践探索多、理论研究亟待加强,宏观研究多、微观研究需要加强,单一视角研究多、整体系统研究少,单一环节研究多、理论与实践相结合进行研究的少等不足之处。这些不足也为本书提供了一定的研究空间。本书正是针对以上不足,试图在借

鉴部分已有成果的基础上作进一步的探讨和研究,系统研究高职院校思想政治理论课实践教学问题,以此来推动我国新时代高职院校思想政治理论课实践教学理论研究和实践探索的发展。

第二章,高职院校思想政治理论课实践教学的理论阐释和价值意蕴。一方面,从基本概念出发,对思想政治理论课实践教学的核心内涵及特征进行科学阐释和准确界定,厘清思政课实践教学与理论教学等几组关系,分析高职院校思政课实践教学的理论基础。另一方面,探讨高职院校思想政治理论课实践教学的价值意蕴,以及思想政治理论课实践教学在高职院校人才培养工作体系中的重要地位、作用,从而找到提升高职院校思想政治理论课实践教学实效性的理论依据。

第三章,高校思想政治理论课实践教学的发展历程和经验成效。系统梳理高校思想政治理论课实践育人的发展历程,分析高校思想政治理论课实践育人积累的丰富历史经验和主要成效。在不断推进思想政治理论课教学改革的过程中,高校思政课实践育人经历了初创与探索、重建与再兴、深化与创新等阶段,实践育人逐渐成为高校思政课教学的重要组成部分。中华人民共和国成立后高校思想政治理论课实践育人积累了丰富的历史经验:摆正课程实践育人的位置是高校思政课实践育人的重要前提;建立一支高素质的师资队伍是高校思政课实践育人的重要基础;建立一套教学管理工作体系和制度是高校思政课实践育人的重要保证;思政课理论与实践相统一是高校思政课实践育人的重要方法。高校思政课实践育人的主要成效包括地位越来越凸显、课程设置不断完善、效果越来越明显、广度和深度得到了拓展等方面。

第四章,高职院校思想政治理论课实践教学的生成过程和内在机理。通过分析高职院校思政课实践教学生成过程的内涵、特点、要素和环节,对高职院校思想政治理论课实践教学过程进行探讨。具有开放性、自主性、体验性和反思性是高职院校思想政治理论课实践教学的基本特点。高职院校思想政治理论课实践教学过程是围绕大学生主体思想实践的特点形成的。高职院校思想政治理论课实践教学过程基本要素包括思政课实践教学的教育主体、思政课实践教学的接受主体、思政课实践教学的接受客体、思政课实践教学的教育中介,这些要素在高职院校思想政治理论课实践教学过程中,相互联系、相互作用、相互制约,共同构成一个有机的整体。高职院校思想政治理论课实践教学环节就成为理论内化—价值观体验—实践外化"三位一体"的结构生态,呈现出从理论内化至价值观体验再到实践外化、由实践外化至价值观体验再到理论内化循环往复、螺旋式提升的发展过程。其中,知识教育:理论内化是前提;情感升华:价值观体验是关键;日常践履:实践外化是保证。在高职院校思想政治理论课实践教学过程中,大学生在思政课实践体验的基础上进行思政课实践领悟、思政课实践锤炼,逐步内化理论、形成自己的思想政治道德观念,并在思政课实践中外化成与之相应的思想政治道德行为,通过这样良性持续、循环推进的实践体验、实践领悟、实践锤炼,乃至实践升华,树立正确的世界观、人生观和价值观,从而推动高职院校思想政治理论课实践教学达到课程育人的目的。其中,思政课实践体验:形成感知和发展情感;思政课实践领悟:形成理性认知;思政课实践锤炼:强化意志和信念;思政课实践升华:养成良好行为习惯。高职院校思想政治理论课实践教学的内在作用机理遵循思政课实践体验—思政课实践领悟—思政课实践锤炼—思政课实践升华的理路。

第五章,高职院校思想政治理论课实践教学的现状调查和问题分析。明确高职院校思想政治理论课实践教学的现状是做好高职院校思想政治理论课实践教学工作的前提。通过对高职院校思想政治理论课实践教学的发展现状进行考察,分析当前高职院校思想政治理论课实践教学存在的问题及原因。通过对全国25所高职院校、2080名高职院校师生进行关于高职院校思想政治理论课实践教学现状的问卷调查分析,从师生对高职院校思想政治理论课实践教学活动的认知情况、师生对高职院校思想政治理论课实践教学活动的参与情况、师生对高职院校思想政治理论课实践教学活动的评价情况、高职院校思想政治理论课实践教学保障机制运行状况等方面进行现状探究。当前高职院校思想政治理论课实践教学存在的问题及成因包括:对高职院校思想政治理论课实践教学的基本认识需要提升、高职院校思想政治理论课实践教学的制度建设需要完善、高职院校思想政治理论课实践教学的组织管理需要规范、高职院校思想政治理论课实践教学的覆盖面需要扩大。

第六章,新时代高职院校思想政治理论课实践教学的基本目标和主要模式。只有把握高职院校思想政治理论课实践教学的模式,明确高职院校思想政治理论课实践教学的目标,才能解决存在的问题,才能为构建高职院校思想政治理论课实践教学工作机制和体系提供基本遵循。明确目标定位，探讨高职院校思想政治理论课实践教学基本目标。分析高职院校思想政治理论课课堂实践教学、校园实践教学、社会实践教学、虚拟实践教学"四位一体"实践教学模式。

第七章，新时代高职院校思想政治理论课实践教学的运行机制和体系构建。从马克思主义理论、教育学、系统学、社会学等多学科理论出发，基于解决问题的逻辑，构建高职院校思想政治理论课实践教学运行机制。健全实践教学与理论教学一体化的制度保障机制，建立大思政格局协同思维的组织管理机制，完善常态化持续推进的资源投入机制，健全规范性和成效性相结合的考核评价机制。高职院校思想政治理论课实践教学体系的构建必须以学生思想道德素质的提高和综合职业能力的培养为根本出发点，深刻认识高职院校思想政治理论课实践教学的实践性、职业性和政治性，科学确定实践教学体系的内涵，建立高职院校思政课实践教学完善的目标体系、合理的内容体系和科学的考核与评价体系。

第八章，新时代高职院校思想政治理论课实践教学的实施路径和应对策略。从对思政课实践教学的整体认识、规范管理、队伍建设、保障机制等方面提出增强高职院校思想政治理论课实践教学实效性的具体实施路径和应对策略。提高对高职院校思想政治理论课实践教学的总体认识，从学校领导、教师、学生和社会各界等层面着手。加强高职院校思想政治理论课实践教学的队伍建设：为思政课教师创造良好的工作环境、加大对思政课实践教学教师能力培养力度、打造"大思政课"实践教学队伍。加强高职院校思想政治理论课实践教学的规范管理：完善高职院校思想政治理论课实践教学的规章制度、建立思政课协同化管理运行机制、实施有效的思政课实践教学评价方法，在内容、方法、载体上创新思想政治理论课实践教学方式。完善高职院校思想政治理论课实践教学的保障机制：加大经费投入，保障实践教学顺利开展；加强基地建设，保证实践教学的规范性与稳定性。

第一章

高职院校思想政治理论课实践教学的研究意义和研究现状

高校思想政治理论课是引导广大青年坚定马克思主义信仰、落实立德树人根本任务的关键课程，是培养德智体美劳全面发展、担当民族复兴大任的时代新人的核心课程。高等职业教育作为新时代高等教育的重要组成部分和职业教育重要类型，在构建现代职业教育体系，培养高素质技术技能型人才，实现中国制造向中国智造转变、中国速度向中国质量转变、工业大国向工业强国转变的历史进程中具有不可替代的作用。适应新时代高职院校办学实际和人才培养特点，深化新时代高职院校思政课教学体系改革创新，提升高职院校思政课教学的思想性、理论性和亲和力、针对性，增强高职学生的思政课获得感，是当前高职院校面临的重要任务和重大课题，也是高职院校思政课的使命逻辑和应然要求。思想政治理论课是高职院校实践育人的重要平台，对高职学生价值观塑造、推进教学改革以及社会服务具有重要价值。因此，加强高职院校思想政治理论课实践教学研究，加强和改进高职院校思想政治理论课实践教学工作，提升实践育人的水平，对于贯彻落实立德树人的根本任务，提升高职院校人才培养质量，培养德智体美劳全面发展的社会主义建设者和接班人具有重要的研究意义。

第一节 高职院校思想政治理论课实践教学的研究意义

习近平总书记在党的十九大报告中指出:"要全面贯彻党的教育方针,落实立德树人根本任务。"①实践教育是高校思想政治工作的重要环节,是落实立德树人根本任务的有效途径。2017年12月,中共教育部党组印发《高校思想政治工作质量提升工程实施纲要》,对实践育人的内容、载体、路径和方法提出了明确要求。党的十八大以来习近平总书记系列重要讲话和中共中央、国务院发布的相关文件是新时代高职院校开展思政课实践教学工作的基本遵循。因此,加强高职院校思想政治理论课实践教学研究具有重要的理论意义和实践意义。

一、理论意义

系统深入研究高职院校思想政治理论课实践教学的特点和规律,把握高职院校思想政治理论课实践教学的本质内涵,探究高职院校思想政治理论课实践教学的理论基础,拓展高职院校思想政治理论课实践教学的研究视角,明确高职院校思想政治理论课实践教学的过程机理,系统构建高职院校思想政治理论课实践教学实施路径,对于强化实践育人在思想政治教育中的地位和作用、丰富高职院校思想政治理论课实践教学的理论研究,深化思想政治教育理论研究等具有重要的理论意义。

一是深化思想政治教育理论研究。思想政治教育是一种实践活动,实践性是思想政治教育的本质特征。实践教学是思想政治教育的基本方法,思想政治教育原理和方法都十分强调实践的作用。理论与实践相结合、知行统一是思想政治教育的基本原则;育人是思想政治教育的价值追求;坚持教育与生产劳动和社会实践相结合,培养社会主义建设者和接班人是党的教育方针,体现了思想政治教育的本质属性。高校思想政治教育对大学生健康成长具有导向、推动和保障作用。从思想政治教育视角系统深入研究高职院校思想政治理论课实践教学的规律和特点,坚持马克思主义实践育

---

① 习近平:《决胜全面建成小康社会 夺取新时代中国特色社会主义伟大胜利——在中国共产党第十九次全国代表大会上的报告》,北京:人民出版社,2017年版,第45页。

人的德育思想,牢牢把握中国特色社会主义大学的办学方向,能进一步贯彻立德树人的根本任务,"教育为社会主义现代化建设服务、教育与生产劳动相结合"的教育方针,实现思想政治教育理论与实践育人价值的有机融合,共同促进育人目标的实现,进而丰富大学生思想政治教育理论研究,提升思想政治教育研究科学化水平。这样,思想政治教育理论研究就具有了鲜明的时代特征、实践本质和创新内涵。

二是强化实践教学在思想政治教育中的地位和作用。当前,高校不同程度地存在思想政治教育与社会实践结合不紧密的现象。通过多年的实践,各高校在思想政治理论教育方面,都有很强的系统性、学术性和规范性,有明确的教学目的、教学计划、教学安排,建立了一整套的制度和保障体系。而在实践教育方面,较多的是零散的、局部的和面上的活动,尽管产生这些问题的原因很多,但其根本原因,是人们对社会实践在高校思想政治教育中的地位和作用认识不够。虽然中央多次发文强调,但受传统理念和固有模式的制约,实践教学的重要性仍然没有引起人们在思想上的重视和共鸣。因此,进一步提高认识,强化实践育人在高校思想政治教育中的地位和作用十分必要。开展高职院校思想政治理论课实践教学研究,就是希望引起高校思想政治教育工作者的重视和共鸣,使我们在思想上对高职院校思想政治理论课实践教学更加重视,在行动上更加积极,进一步推进高职院校思想政治理论课实践教学的理论和实践研究,不断改进和加强新时代高校思想政治教育。

三是拓展理论研究视角。实践是认识的来源,实践的观念是马克思主义哲学的首要和基本观念。人的全面发展理论是马克思主义哲学的基本观念,促进人的全面发展是教育的根本目的和本质属性,是教育学理论的核心观念。参与社会活动是人实现社会化的重要途径。实践教学体现了协同育人的思想,是全员、全过程、全方位育人的深度融合,体现了系统的全面性、协调性和持续性,是系统论的重要观点。通过马克思主义哲学、思想政治教育、教育学和系统论等多学科的交叉融合,多视角分析实践教学的本质内涵,多维度探究实践教学的理论基础,明确高职院校思政课实践教学的价值追求,改变以往相关研究单一视角、单一维度的研究模式,拓展高职院校思政课实践教学的研究视角,丰富高职院校思政课实践教学的理论研究,对构建高职院校思政课实践教学体系具有十分重要的作用。

二、实践意义

高职院校思想政治理论课实践教学研究不仅具有重要的理论意义,而且具有重要的实践意义。

一是有益于客观审视高职院校思想政治理论课实践教学现状。客观地审视当前高职院校思想政治理论课实践教学现状,是进一步加强和改进高校思想政治理论课实践育人工作的前提和依据。深入调查研究当前高校思想政治理论课实践育人的现状,了解掌握当前高校思想政治理论课实践育人存在的主要问题,进而在马克思主义实践观的指导下,提出进一步加强高职院校思想政治理论课实践教学的对策,有助于高职院校切实加强和改进思想政治理论课实践教学工作。

二是促进高职院校思想政治理论课教学改革的深化。不断推进新时代高职院校思想政治理论课教学改革,切实提高高职院校思想政治理论课的实效性是目前高职院校思想政治工作者面临的挑战和重要课题。从理论上探明和把握高职院校思想政治理论课实践教学的规律,积极探索实现高职院校思想政治理论课实践教学的机制、路径,对解决当前高职院校思想政治教育实践性不强与不够的问题十分必要。充分利用高职院校教育资源和实践教学环境,促进高职院校思想政治理论课实践教学与大学生军事训练、社会实践的有机统合是提升高职院校思想政治教育教学质量的有效切入点。

三是有助于提升高职院校人才培养质量。如何提高高职院校思想政治教育实效性,使思想政治教育为高职院校人才培养模式提供更好的服务和支撑成为当务之急。加强大学生思想政治教育实践教育是一个重要的突破口,而高职院校各种实践基地则为思想政治理论课实践教学提供了广阔的平台。因此,结合高职院校实际情况进行思想政治理论课实践教学的改革探索,探寻思想政治理论课实践教学体系的构建策略,有利于学生全员、全面、全方位参与社会实践,在广阔的教育实践基地中了解民情、国情、世情,在丰富多彩的社会实践活动中增长才干、奉献社会、锻炼毅力、培养品格、增强社会责任感,树立科学的世界观、人生观、价值观,真正成为堪当民族复兴大任的时代新人与社会主义建设者和接班人。

综上所述,高职院校思想政治理论课实践教学研究无论是从理论上还是从实践上都具有非常重要的意义。我们有迫切的现实需求和充足的动力去研究高职院校思想政治理论课实践教学的理论,推动高校思想政治理论课实践教学工作创新发展,为全面提高人才培养质量提供保障和支撑。

第二节　高职院校思想政治理论课实践教学的研究现状

一、国内研究现状

思想政治理论课是思想政治教育的主渠道,实践教学是实践育人、实践教育的重要内容。改革开放以来,高校从工作层面对实践教学关注较多,学术界对实践教学关注较晚。自中共中央、国务院和教育部等出台思想政治工作文件强调实践育人工作和思政课实践教学之后,学术界才开始重视高校实践育人工作和思政课实践教学。随着我国高等教育改革的深入推进,各高校在思想政治理论课实践教学方面都开展了一些工作,实践内容不断丰富,实践形式不断拓展,取得了一定成绩。近年来高校思想政治理论课实践教学研究逐步走向深入,这些相关的研究成果对深化理论研究进行了很好的铺垫。具体来看,目前学术界对于高校思想政治理论课实践教学方面的研究主要集中在以下几个方面。

关于高校实践育人及思政课实践育人内涵的研究。对于高校实践育人内涵的理解,有学者认为,实践育人是一种教育理念或教育观念。杨国欣、蔡昕(2019)指出,实践育人是一种现代教育理念。[①] 有学者认为,实践育人是一种教育实践活动。刘教民(2014)认为,高校社会实践育人已不同于传统的实践育人,具有新的模式、新的内涵,即把教育课堂从校园引向社会,从而把以课堂为基础的"小教育"发展到以社会为平台的"大教育"。[②] 孙其昂(2013)在《思想政治教育学前沿研究》中指出,思想政治教育实践的实质是思想改造活动。有学者认为,实践育人既是一种教育实践活动,也是一种教育理论。刘社欣等(2013)认为,实践育人是指以社会实践和各种活动为主要形式的思想政治教育。它既是一种实践活动,也是一种育人理论,本质上

[①] 杨国欣、蔡昕:《高校实践育人实现路径探析》,载《学校党建与思想教育》,2019年第4期,第74~75页。

[②] 刘教民:《构建高校社会实践育人新模式的实践与思考》,载《中国高等教育》,2014年第19期,第17~20页。

是对理论教育的补充,是一种参与体验式的教育。① 柳礼泉提出,思政课实践教学是一种教学过程和方法。② 钱广荣认为,高校思想政治理论课实践教学是在理论课程中研讨社会现状的教育活动。③

关于高校实践育人和实践教学理论的研究。关于高校实践育人和实践教学理论的研究由来已久。自明朝学者王守仁提出"知行合一"理念以来,清朝学者梁绍壬相继提出"读万卷书,行万里路"的实践理论,而后教育学家陶行知提出了"生活即教育"的著名观点,上述理念、理论、观点的提出为高校实践育人奠定了理论基础。当代国内学者在此基础上,分别从哲学、教育学、心理学、社会学、德育和高等教育改革过程理论等角度对实践育人的理论基础进行了探讨。很多学者从马克思主义实践观视角来研究实践育人的理论基础,认为实践育人是马克思主义的重要德育思想。如骆郁廷、史姗姗认为:"实践的观点不仅是马克思主义认识论的首要的、基本的观点,也是马克思主义德育思想的首要的、基本的观点。实践在人的思想道德进步和全面发展的过程中,起着基础的、决定性的作用。"④孙彩霞认为,"马克思主义的实践观点是实践育人理念最根本的理论基础","'实践育人'理念是建立在对马克思主义实践观点的深刻领会、准确把握与灵活运用之上的"。⑤ 她认为认识在实践中产生、发展和接受检验,离开实践就没有人的认识,人通过实践活动不仅能使自身的利益需求得到满足,而且能检验自己的目的、愿望、意图是否符合客观实际,检验自己对事物的认识、判断是否正确。张文显认为"实践育人就是基于实践的观点而形成的育人理念"。⑥ 他提到实践育人符合教育的客观规律,即符合人的社会化规律,符合"三贴近"的育人规律,符合自我教育和素质教育的规律。吴亚玲则深刻分析了教育上的两个

---

① 刘社欣等:《高校思想政治理论课实践育人模式创新研究》,广州:世界图书出版广东有限公司,2013年,第24页。
② 柳礼泉:《论思想政治理论课实践教学的形式》,载《思想理论教育导刊》,2007年第3期,第66~69页。
③ 钱广荣:《高校思想政治理论课的实践教学探讨》,载《思想理论教育》,2007年第3期,第69~71页。
④ 骆郁廷、史姗姗:《论马克思主义实践育人的德育思想及其现实价值》,载《马克思主义研究》,2013年第10期,第137页。
⑤ 孙彩霞:《实践育人理念的理论架构》,载《学校党建与思想教育》,2012年第16期,第73页。
⑥ 张文显:《弘扬实践育人理念 构建实践育人格局》,载《中国高等教育》,2005年第Z1期,第7页。

认识误区,即把认识与实践、理论与实践对举,把学校和社会对举等,提出实践是人的存在方式、教育是一种实践活动等哲学观念解析实践育人理念。[①]以上学者的论述都有力说明了马克思主义的实践观点是实践育人的理论之源。董跃进、吴刚等学者认为马克思主义认识论为其提供了理论基石,认识的根本目的是实践,认识的真理性也只有在实践中才能得到检验和证明。马振远等学者从哲学、教育学、社会学等方面探究实践育人的理论基础、实践育人在高校思想政治教育工作中的重要地位,他们认为从哲学角度来看,实践育人是由"知"与"行"的关系决定的,知行统一是中国传统哲学思想的重要内容。强调理论与实际相结合,也是马克思主义认识论的一条基本原则。从教育学角度来看,实践育人是由思想政治教育自身发展规律所决定的。从心理学角度来看,实践育人是由人的品德形成规律所决定的。从社会学角度来看,实践育人是由自然人向社会人转变的规律决定的。[②]

关于实践对思想政治教育(德育)重要作用的研究。我国教育界也倡导思想政治教育与各种课内外实践的结合,以达到全面育人的目的。大多数思想政治教育原理、方法论类的图书中都论述了实践对思想政治教育的重要作用。沈壮海(2022)主编的《新编思想政治教育学原理》,郑永廷(2016)主编的《思想政治教育学原理》,张耀灿等(2006)著的《现代思想政治教育学》,戴钢书等(2015)著的《高校思想政治理论课实践教学论》,孙其昂、黄世虎(2015)主编的《思想政治教育学基本原理(第四版)》,陆庆壬(1986)主编的《思想政治教育学原理》等专著或教材,都对实践在思想政治教育或思政课教学中的重要作用作了阐释,提出了理论与实践相结合、知行统一是思想政治教育的基本原则,实践教育方法是思想政治教育实施的一般方法等观点。张耀灿、陈万柏(2001)主编的《思想政治教育学原理》更明确指出社会实践"对于促进大学生了解社会、了解国情,增长才干、奉献社会,锻炼毅力、培养品格,增强社会责任感具有不可替代的作用"。沈壮海(2001)著的《思想政治教育有效性研究》从思想政治教育内容的特殊性角度研究了实践育人的重要性,指出思想政治教育内容的信念、信仰的掌握要通过思想政治教育对象具体的实践才能实现。此外,还有大量论文也对实

[①] 吴亚玲:《实践育人理念的哲学分析》,载《现代大学教育》,2010年第1期,第13~17页。
[②] 马振远、郭建、柴艳萍:《高校实践育人工作统筹的必要性与可能性》,载《高等农业育》,2012年第4期,第11~14页。

践育人的意义作了详尽的阐述。如陶伟华(2012)提出,应当把加强实践性作为我国教育改革的核心和方向,确立"实践育人"的教育战略,从根本上改变人才培养的窘境,使教育事业沿着科学发展的坦途大步前行。曹春梅、郑永廷(2009)指出,思想政治教育具有政治性、形而上和渗透性等与其他实践活动所不同的特点,认识和把握思想政治教育实践活动的特点,对管理者、教育者、受教育者转变教育理念,增强教育的针对性、提高教育的有效性具有重要的现实意义。吴亚玲(2011)认为,实践育人理念具有重要的时代价值,它代表一种新的思维方式,代表一种新的教育观,预示一种新的育人模式。戴锐(2006)指出,社会实践的德育价值在于,它是政治与道德知识的检验场和强化机制,是德育所传导的以实践观念为总体的积极精神的重要载体,是一种体验和养成方式,也是个体通向社会的桥梁和角色适应方式。李树和(2007)针对社会实践的作用发挥及其育人功能,提出了创新大学生思想政治教育工作,深化实践育人功能,论述了社会实践对加强和改进大学生思想政治教育的作用,探讨了创新大学生思想政治教育工作的有效途径。

关于高校实践育人和实践教学价值的研究。很多学者对高校实践育人和实践教学的价值进行了多维度的研究,主要从德育价值、学生主体性特征以及教育客观规律等方面进行研究。在德育价值方面,张耀灿、陈万柏指出:实践对于促进大学生了解社会、了解国情,增长才干、奉献社会,锻炼毅力、培养品格,增强社会责任感具有不可替代的作用。[1] 骆郁廷、史姗姗认为:实践是主观见之于客观的过程,是理论联系实际的过程,是改造主观世界与改造客观世界相统一的过程,实践可以有效地影响人的思想和行为,培育和提高人的思想道德素质,促进人的全面发展和健康成才。[2] 沈壮海指出:思想政治教育的核心是理想性、信念性内容的教育,对教育内容的信念、信仰性掌握,只有通过思想政治教育对象具体的实践才能实现。[3] 张卫伟、季淑慧指出:社会实践从规范和美德两方面,通过主体的感知、体验、同情、行为合时宜性发挥作用,是社会实践德育功能发挥的一般逻辑,亦成为其德

---

[1] 张耀灿、陈万柏主编:《思想政治教育学原理》,北京:高等教育出版社,2001年。
[2] 骆郁廷、史姗姗:《论马克思主义实践育人的德育思想及其现实价值》,载《马克思主义研究》,2013年第10期,第136~145页。
[3] 沈壮海:《思想政治教育有效性研究》,武汉:武汉大学出版社,2001年。

育功能的现实体现。① 徐晓曼等认为实践育人是加强思想政治教育的重要途径,能及时解决大学生思想政治教育的热点、难点问题,帮助大学生树立正确的世界观、人生观和价值观。② 从学生的主体性特征方面,敬枫蓉通过研究阐明社会实践活动能满足广大青年学生身心发展的客观需求,是实现人的社会化的关键步骤,是全面提升学生综合素质的必备条件,是培养高素质人才的重要途径。③ 张文显从教育客观规律视角研究了实践育人的价值,他认为实践育人符合"人的社会化规律""贴近生活、贴近实际、贴近学生的育人规律""自我教育的规律""素质教育的规律"。④ 从以上研究来看,高校实践育人的价值主要体现在德育价值、促进人的全面发展和提升人才培养质量等方面。

关于思想政治教育实践育人(社会实践德育)的概念和内涵方面的研究。学者对思想政治教育实践育人的相关概念和内涵进行了阐释。孙其昂(2013)在《思想政治教育学前沿研究》中指出,思想政治教育实践是思想政治教育理论指导下的客观实际活动,是思想政治教育主观见之于思想政治教育客观的社会实际活动,实质是思想改造活动。戴锐(2006)认为,社会实践德育是指通过组织、引导学生积极参与各种社会实践活动,提高其思想认识水平和行为选择能力的德育过程。⑤ 庄严(2012)认为,实践教育是与理论教育相对应的教育形式;广义的大学生实践教育是指理论教育之外的,按照高等教育目标的要求,针对在校大学生进行的一切有利于提高学生综合素质的实践性教学和活动;狭义的实践教育是指课堂教学以外的教育活动,以学生为主体,以学校为依托,以社会为舞台,通过实践,引导大学生接触社会、了解社会、服务社会,并使大学生从中受教育、得锻炼、长才干,树立正确的世界观、人生观和价值观。赵蓓茁(2013)认为,思想政治教育实践

---

① 张卫伟、季淑慧:《德育向度:社会实践育人的现实基点》,载《北京青年政治学院学报》,2012年第4期,第39~42页。
② 徐晓曼、张猛、杜娜:《当代大学生实践育人模式研究》,载《辽宁经济管理干部学院(辽宁经济职业技术学院学报)》,2012年第6期,第63~64页。
③ 敬枫蓉:《搭建实践育人平台 系统开展社会实践活动》,载《中国高等教育》,2012年第Z2期,第21~23页。
④ 张文显:《弘扬实践育人理念 构建实践育人格局》,载《中国高等教育》,2005年第Z1期,第7~9页。
⑤ 戴锐:《德育语境中社会实践的理论内涵与实施原则》,载《思想·理论·教育》,2006年第5期,第36~39,59页。

育人工作以社会主义核心价值体系为指导,以立德树人为主线,以理论结合实践为主要方法,充分利用了课内、课外、校内、校外的实践载体,通过第一课堂与第二课堂密切互补、理性认识和感性认知紧密结合的方式,提升学生的思想品质、政治素养、道德水平、心理素质、创新能力和实践能力。

关于高校思想政治教育实践育人和高校思政课实践教学现状分析的研究。研究者普遍认为现有的高校实践活动实效性不强,对大学生实践的要求更多地停留于文件规定中,高校的组织者和作为实践主体的大学生对实践育人的认识都未上升到一定的高度,对实践目的、方式、主题、指导不明确,在管理制度、组织安排、师资力量、经费等措方面都存在较大问题,导致高校实践育人工作往往成为形式化的活动。由于物质保障、机制保证等基本条件的缺失,实践育人活动开展举步维艰。如金林南(2013)著的《思想政治教育学科范式的哲学沉思》,结合"思想道德修养与法律基础"课程指出了思想政治理论课实践教学现状呈现理念式微、资源匮乏、自我封闭等方面的不足。① 戴锐(2006)在《德育语境中社会实践的理论内涵与实施原则》中指出,学生社会实践活动主要在社会实践理论、实践主体、具体形式、实际效果等方面存在不足。②

关于高校思想政治教育实践育人和思政课实践教学的途径、形式方面的研究。学界对高校思想政治教育实践育人和思政课实践教学的途径、形式方面的研究成果相对丰富些。孙其昂(2013)著的《思想政治教育学前沿研究》指出,改革开放以来大学生思想政治教育实践形式30年间发生了很大的变化;结合教育部、共青团中央联合发布的《关于加强高等学校学生思想政治工作的意见》(1980)和中共中央、国务院《关于进一步加强和改进大学生思想政治教育的意见》(2004)两个文件,对大学生思想政治教育实践形式进行历史分析,大学生思想政治教育实践形式30年间发生了很大的变化,如今的高校大学生思想政治教育实践形式十分丰富。③ 戴锐(2006)从社会实践德育功能、实践主题特点等角度进行社会实践形式的理论考察,指

---

① 金林南:《思想政治教育学科范式的哲学沉思》,南京:江苏人民出版社,2013年。
② 戴锐:《德育语境中社会实践的理论内涵与实施原则》,载《思想·理论·教育》,2006年第5期,第36~39,59页。
③ 孙其昂:《思想政治教育学前沿研究》,北京:人民出版社,2013年。

出了在学校德育实践中实践教育的具体形式。① 王晓红(2012)认为,通过强化实践育人环节、精心组织社会实践活动、积极开展创新创业实践以及引入体验式教育方法,将创新大学生思想政治教育形式,拓展大学生思想政治教育路径,增强大学生思想政治教育的实效。朱霁(2011)认为,建立高校思想政治理论课实践育人长效机制的具体途径是成立高效的领导机制、建立有效的运行系统、设立实践育人保障机制、营造良好的实践育人环境及构建实践育人综合评价体系。林木明(2007)提出要不断充实创新内容,改变"单一形式",实现多形式并存,变单纯的阶段性实践为经常性实践。

在高校思想政治教育实践育人和思政课实践教学的机制建设方面。学者从不同的角度提出了构建高校实践育人和思政课实践教学的机制。黄蓉生、孙楚杭(2012)提出,依据高校实践育人长效机制的科学内涵,遵循高校实践育人的发展规律,紧贴新形势下高校实践育人的实际,高校实践育人的长效机制应当蕴含组织领导、宣传引导、运行保障、考核评估、创新完善等机制体系。宋珺(2012)提出,要实现高校实践育人工作可持续发展,需要构建学校、社会、学生三方协同机制,建立系统化、全程化、社会化、基地化、项目化"五位一体"的运行机制,以及激励机制和投入保障机制等长效机制。吴亚玲(2011)认为,应构建以凸显学生主体地位为本的目标体系,形成以学生自主发展能力为考核标准的动态考核评价体系,建立课堂教学与课外活动、专业教育与思想政治教育整合的机制。

在高校思想政治教育实践育人和思政课实践教学的模式构建方面。学者在高校实践育人的模式构建方面也提出了不同的见解。高翅等(2008)认为应实施"基础+生产实践""基础+研发训练""基础+创新研究"的育人模式。徐丽曼(2009)提出"一体两面"式的实践育人模式,主张设置活动类课程模式、德育学分模式等模式。盖元臣(2007)认为,高校要努力探索实践育人模式,实现学校教育与社会教育的有机统一,提高思想政治理论课的育人效果。

关于高校思想政治教育实践育人和思政课实践教学的体系构建方面。部分学者在构建高校实践育人和思政课实践教学体系方面进行了阐述。王

---

① 戴锐:《德育语境中社会实践的理论内涵与实施原则》,载《思想·理论·教育》,2006年第5期,第36~39,59页。

晓勇（2007）认为构建实践育人体系是大学生思想政治教育的一项重要内容，并指出了高校实践育人体系的互动平台、运行机制和必须把握的重要环节。周建松等（2012）认为，从高等职业教育的实际出发，着力建设统分结合的高职实践育人体系不仅必要，而且可行。司慧积（2012）认为，应该加快从校内和校外两方面构建高职思想政治实践育人体系。

从高校思想政治理论课实践教学的角度研究实践育人问题。近年来思想政治理论课实践教学方面的研究引起学者较多关注。如教育部社会科学研究与思想政治工作司（2005）编写的《高校思想政治理论课实践教学的探索与思考》，柳礼泉（2006）主编的《大学思想政治理论课实践教学研究》，吕志、黄紫华（2009）主编的《面向社会 实践育人——高校思想政治理论课实践教学探索》，朱云生、张清学（2011）编著的《高校思想政治理论课综合实践教学论》等著作。余双好（2003）著的《现代德育课程论》从课程体系的角度出发，主张通过实践德育课程的设置来实现实践育人。此外，还有大量论文也对实践教学的意义作了详尽的阐述，从多种视角对思想政治理论课实践教学的内涵、重要性、形式、存在的问题及对策等方面进行了探讨，丰富了思想政治教育的理论研究，也为思想政治理论课实践育人提供了指导。

从大学生社会实践的角度研究实践育人问题。近年来，许多研究者尤其是思想政治教育工作一线的教育者着力从现实出发探索实现高校实践活动制度化、规范化运作的思路。胡树祥、吴满意等（2010）在《大学生社会实践教育理论与方法》中系统阐述了大学生社会实践的指导理论，界定了社会实践的内涵与属性，归纳了大学生社会实践的崭新类型和功能，深刻分析了创新态势与社会化难点，有针对性地借鉴了国外经验。冯艾、范冰（2005）主编的《大学生社会实践导读》深入分析了社会实践在高等教育中的地位和作用，考察了影响社会实践的时代、社会、信息等多元环境，探索建立社会实践的保障体系和实践育人的长效机制，并以生动的案例展示了大学生社会实践丰富多彩的活动类型，对实践的宏观管理和模式改革进行了理论探讨。从大学生社会实践的角度研究实践育人的著作还有郑大俊（2004）主编的《大学生社会实践理论与实务》，张国栋（2009）著的《大学生社会实践探索》，王小云、王辉（2005）著的《大学生社会实践概论》等。

关于高校实践育人和思政课实践教学的问题与对策研究。对于高校实践育人和思政课实践教学存在的问题，大多数学者主要以实证研究方法进行了研究。涂德祥认为高校实践育人的主要问题有思想认识不到位,重视力度不够,对大学生社会实践工作的地位、作用认识不到位,没有把大学生社会实践纳入学校教学计划,存在重面上组织、轻具体指导等现象;育人内容单一,缺乏创新拓展,活动单一、规模较小、时间短,不能满足不同年级、不同专业学生的需求,实践活动呈现一定程度的形式化,既没有针对性、实效性,又没有吸引力和凝聚力;育人机制不健全,经费投入不足,实践育人过程流于形式、实践育人主体比较有限、实践考评机制和结果较为主观、实践育人成果相对封闭;育人保障体系不完善,经费投入不足。① 另有部分学者分别从大学生自身和社会等角度来研究实践育人存在的问题。从学生自身来看,主要表现为学生思想认识不足、参与积极性不高;从社会角度来看,主要表现为企业支持力度不够以及实践基地建设不够完善。通过对思政课实践教学活动中现存不足的分析探讨,有的学者结合实践探索的理念,提出思政课实践教学中存在的问题是实践教学工作的开展程度各不相同、相关理论体制不够健全、未能达到学生原本预期值。② 有学者指出思政课实践教学存在被泛化、虚化等现象。③ 还有学者提出实践教学的不足是"实践教学的保障机制不够完善、整体教育方针不够全面、缺乏教学的开展资金、基地建设匮乏"。④

二、国外研究现状

实践教育是高等教育不可或缺的有机组成部分,也是世界高等教育发展的共同趋势。思想政治教育是世界上所有国家都重视的一项实践活动,尽管国外没有"思想政治教育"这个词,但是他们所进行的公民教育、道德教育、国民精神教育、历史教育等课程其实跟我国的思想政治教育有相同功能。虽然国外没有思想政治理论课社会实践教学的提法,但他们十分重视

---

① 涂德祥:《对新建本科院校实践育人创新的若干思考》,载《学校党建与思想教育》,2012年第25期,第72~74页。
② 王颖、杨转珍、王京:《思想政治理论课实践教学的现状分析及对策研究——以京津冀地区18所高校为例》,载《思想理论教育》,2015年第10期,第62~65页。
③ 储水江、高顺起、尹家德:《论高职院校思想政治理论课实践教学的"转型升级"》,载《中国职业技术教育》,2020年第1期,第51~55页。
④ 李春晖:《高校思想政治理论课实践教学存在的问题及对策》,载《学校党建与思想教育》,2010年第5期,第47~48页。

实践教育,非常注重培养学生解决实际问题的能力,引导学生进行动手实践,欧美国家的研究者从19世纪中期就开始研究实践教育的问题,学校都倡导从实践的角度对学生进行思想教育、政治教育、道德教育,让学生在积极参与各种社会活动中受到教育。这些活动有以大学生反对战争、保护环境、反对种族歧视等为主题的政治活动,也有以社区服务和志愿服务为主的社会服务活动,这对我国开展思想政治理论课社会实践教学有很强的借鉴意义。

关于国外实践育人理念的演进。国外关于实践育人的理念可以追溯到古希腊时期。亚里士多德特别注重道德活动的开展和道德习惯的培养,这在一定程度上体现了实践育人思想的萌芽。以科尔伯格为代表的道德认知发展理论家十分注重实践的德育价值,主张利用现实中道德两难的困境促进个体道德发展,认为应该在交往实践和生活情境中促进学生良好品格的形成。20世纪初,美国教育家杜威认为道德教育不能只是传授道德知识,学校不必专门开设道德教育课程,而应组织儿童直接参加社会生活。美国教育家弗雷德·纽曼则认为,应该加强对教育对象的有效行动能力、实施行动能力的训练和技能的训练,他还提出道德教育必须注重公民社会行动方面的教育,注重个体社会道德行为的培养。21世纪初,美国提出道德教育重返生活世界,使学生的思想道德素质的形成既有丰富的内容,又有实践的形式,强调学生民主个性的培养,用"交互主体"观统摄整个道德教育过程。如今,实践教育正成为国外大学的一种制度化理念。麻省理工学院、剑桥大学等多所世界知名大学,在其大学理念和育人目标中都渗透了加强实践教育的思想,并通过多种途径加强大学生创新实践能力的培养。

关于国外实践育人功能的研究。在英国,剑桥大学提出要"从普遍的生活世界中提高学生的能力""鼓励质疑精神""强烈支持学生参加科研"等。[①]卡内基教育促进基金会第七任主席欧内斯特·博耶(BF)认为:"大学教育的效果直接与学生在校园里度过的时光以及学生参加各种活动的质量联系在一起。"Claire Budgen,Doris Callaghan等学者以护士以及保健专业的学生为例阐述了实践与育人之间的关系,认为主要应通过自我实践探索、小组协作、技能实习、合作教育、学用结合、教师监督实习等途径达到育人的目的。

---

① 顾秉林:《秉承实践教育传统 加强创新能力培养 提高学生全面素质》,载《清华大学教育研究》,2006年第1期,第1~7页。

剑桥大学、麻省理工学院和哈佛大学等,都制定了实践教育和学生科研等计划,这些计划贯穿学生培养的全过程。Federico R. Whittlers, Elizabeth B. Kozleski 在研究中提出要更加重视建立一个有力的系统,在实践中加强教师与学生之间的互动,实现教学相长;促进学生之间相互学习,集体协作,通过一种包容教育的模式,即在实践过程中汇集来自不同专业领域的教师和学生。各学科在实践中应相互碰撞、相互交融,使学生在实践中了解到不同领域的知识,并能够深化对本专业的理解。

关于国外大学实践教育的模式和内容研究。在美国,高校特别注重利用社会活动对学生进行思想道德教育,甚至有些州有专门的法案、专门的经费支持和推行大学生的社会政治活动与社会服务活动,使学生在实践中提高社会意识、服务意识。美国高校还经常利用各种大型的社会公益活动、重大庆典等宣扬其政治制度和价值观念,在潜移默化中强化学生的爱国精神和民族意识。陈超在《国外大学实践教育的理念与实践》一文中指出,国外大学的实践教育模式主要有以下两种类型:一是以课堂教学为依托的认识实践,这种模式主要是通过知识的传授和习得来增加知识,提高分析和解决问题的能力,主要方式有课堂讲授、课章讨论、举办讲座、实验等。二是以课外活动为依托的操作实践,通过课外活动锻炼学生的实际动手能力和应用知识的能力,主要方式有本科生科研、社团活动、小组活动、实习、职业适应培训等。[①] 美国教育改革委员会在 1975 年发表的报告中提出了"责任公民"教育的十一条具体内容。美国的"责任公民"课,除课堂教学外,还组织学生到裁判所、警卫局、法律事务所等机关,通过实践亲自体验现代公民的责任。[②] 美国大中小学还倡导"基于设计的学习"(project-based learning)、"实践设计活动"(pratical design activities)和"以问题为中心的学习"(problem-based learning),目的在于培养学生自主学习的兴趣与技能。

在德国,高校高度重视实践育人对学生的培养,并将实践育人贯穿整个教学过程。发达国家高校开设的理论课普遍不多,而实践课程和实践环节却很多,比如耶鲁大学的课堂教学与实践育人的比例为 1∶4。[③] 以德国亚

---

① 陈超,赵可:《国外大学实践教育的理念与实践》,载《外国教育研究》,2005 年第 11 期,第 33~38 页。
② 马奇柯:《国外大学生社会实践的经验和启示》,载《中国青年研究》,2003 年第 31 期,第 72~75 页。
③ 曾素林:《论实践教育:基于实证方法与国际比较》,华中师范大学博士学位论文,2013 年。

琛工业大学学年教学安排为例,亚琛工业大学的实践育人在一学年中有三段时间:第一阶段从4月初开始,约半个月的工厂实习或项目研究;第二阶段从6月初开始,为期一周的工厂参观和交流;第三阶段从8月中旬开始,约一个月的工厂实习和项目研究。实践育人在整个教育计划中占很大比重。①

在英国,大部分高校开设了道德教育课程,也注重在实践中加强对学生的思想道德和政治品格的正确引导、耐心指导。特别强调道德教育实践与社会团体、社区活动相结合,通过"英国青年理事会""社区服务志愿组织"等来实现道德教育。

在日本,国家教育部门非常重视学生素质的全面提高,注重通过课外实践与社区生活的结合以培养学生的集体意识和奉献精神。高校力促学校与社会之间的融合,以制度化、规范化的当地公益活动和社区服务活动引导学生参与社会实践,并使学生在长期的社会实践中自然形成良好的思想道德和法律意识。

在新加坡,高校主动与政府有关部门、社区一起有组织、有计划、有目的地举办各种宣传活动和服务活动,引导和促进学生自觉形成高尚的道德。高校还通过组织学生参观纪念馆、博物馆等活动培养他们的爱国主义和集体主义精神。此外,政府重视社会性思想政治教育,营造良好的社会文化氛围,使社会弘扬的道德教育和学校所实施的德育教育相得益彰。

总之,国外高校实践育人的理论研究和实践探索的丰富成果与经验对于我国加强和改进大学生思想政治教育,特别是探索高校思想政治理论课实践教学体系具有重要的借鉴意义。但是由于国外高校实践育人体制和观念与我国高校实践育人现状存在差异,因此应结合我国实际予以适当的借鉴,着力构建适应我国国情的思想政治理论课实践育人体系。

三、研究现状总体评价

总的来说,当前学术界对思想政治理论课实践教学予以相当多的关注,研究也日渐增多,已经产生了一些成果,这些成果对进一步研究大有裨益。但从当前的研究成果来看,也存在一些不足。

---

① 黄继英:《国外大学的实践教学及其启示》,载《清华大学教育研究》,2006年第4期,第95~98页。

一是实践探索多,理论研究亟待加强。综观思想政治理论课实践教学的研究成果可发现,实践探索的多,大多是实证研究,往往从指导实际工作出发,现象描述性的研究、对策性的研究多,而理论研究相对薄弱,理论阐释性的研究少,理论深度不够。

二是宏观研究多,微观研究需要加强。当前的研究成果,大都集中在思想政治理论课实践教学的宏观研究方面,对思政课实践教学运行机制的研究多数是追求全面,如针对实践教学的形式提出了讨论、辩论、参观等课堂实践、校园实践和社会实践等。而对这些实践教学如何操作和实施,缺乏细致的研究,缺乏对运行机制的可行性、实效性和建设性的研究。

三是单一视角研究多,整体系统研究少。学者多以高校思想政治理论课实践育人或者大学生社会实践的某个方面为研究对象,将高校思想政治理论课实践教学作为一个整体进行系统性研究的较少。多数研究仍以传统的理论与实践关系为基础,以理论教学优于实践教学为前提,研究结论主要是增加实践育人时间、增加实践教学投入、加强实践基地建设、改进实践教学形式等,但这些都是实践育人的外在条件,而非根本措施,很少从马克思主义实践观整体分析研究高校思想政治理论课实践教学问题。

四是单一环节研究多,理论与实践相结合研究少。不少学者把思政课实践教学、理论教学分别作为思政课教学的一部分,把二者割裂开来进行研究,这恰恰是目前思想政治理论课实践育人当中最大的短板。而把思政课的理论教学与实践教学紧密结合,贯穿思政课教学活动全过程的研究相对较少。思想政治理论课的根本理念就是实践育人,包括理论教学和实践教学两个环节。思想政治理论课要求理论教学必须借助于实践环节,要有实践的资源、实践的手段,而实践教学环节必须有理论视野或者理论教学,二者之间是互动的、互为条件的。

这些不足也为本书提供了一定的研究空间。本书正是针对以上不足,试图在借鉴部分已有成果的基础上作进一步的探讨和研究,系统研究高职院校思想政治理论课实践教学问题,以此来推动我国新时代高职院校思想政治理论课实践教学理论研究和实践探索的发展。

第二章

高职院校思想政治理论课实践教学的理论阐释和价值意蕴

本章从基本概念出发,对思想政治理论课实践教学的核心内涵进行科学阐释和准确界定,对高职院校思想政治理论课实践教学的特征和理论基础进行系统分析,探讨高职院校思想政治理论课实践教学的价值意蕴。

第一节 高职院校思想政治理论课实践教学的理论阐释

实践教学是促使学生将认知转化为行动的重要途径和有力手段。无论是相对于其他课程而言,还是相对于思想政治理论课的课堂理论教学而言,高职院校思想政治理论课实践教学都有着自己特定的内涵与特征,对它的基本内涵作出界定,分析其基本特征,有着重要意义。

一、高职院校思想政治理论课实践教学的概念界定

概念是思维的基本元素。只有厘清概念的内涵和外延,解决了"是什么"的问题,才能进一步研究"怎么办"的问题。实践教学也不例外。何谓实践教学、实践教学的能指与所指、实践教学与理论教学的关系等,都是思政课教学研究中的本源性、基础性问题。对这些问题的思考,直接关涉思政课实践教学展开的力度与效度。

(一)基于课程观的高职院校思政课实践教学

广义的课程观,即"课程是指学生通过学校教育环境获得的旨在促进其

身心全面发展的教育性经验"。① 大课程观认为:课程的属性和类型是多方面的,包含了学科课程与活动课程、显在课程与隐蔽课程,也就包含了课堂教学与课外教学、模仿教学与陶冶教学。② 根据广义的课程观即大课程观的内涵,课程应该包括显性课程和隐性课程两大类。显性课程主要指正式列入学校专业教学计划的各门学科课程,而隐性课程则涉及对学生的人格、情感、信念、意志、价值取向和行为选择等方面起着潜移默化作用的内容。③ 因此,隐性课程不是显性课程的附属和补充,二者共同构成大学的总课程,是大学课程的两个有机组成部分。④

要探讨高校思想政治理论课实践教学问题,应跳出公共理论课程实践教学活动和环节的狭窄的圈子,从更高的层面,从一种"大课程"的"大德育""大思政课"观念的视角来透视公共理论课程实践教学的问题。⑤ 这里所谓的"大课程"观是包含教学论的课程观,是把学校中一切影响学生思想道德形成和发展的教育因素作为课程内容的课程观,而"大德育观"是指包含思想、政治、道德、心理等方面内容的德育观。从这个视角来看,高校公共理论课程在高校德育课程体系中是一种特殊的德育课程,我们姑且把它称为"直接学科德育课程",即直接的(而不是间接的)、以学科课程(即把课程当成一门学科或者所有学科的总和)的形式呈现的课程形态。除此以外,在学校德育课程体系中,还存在着以实践的形式呈现的德育课程,我们把它们称为实践德育课程。实践德育课程尽管不是直接学科德育课程的一种实践育人形式,但是,它可以很好地包含直接学科德育课程的实践育人,学科德育课程和活动德育课程共同构建了学校作为主导所进行的思想道德教育活动,体现了学校教育的主导性。从实践德育课程教学的角度出发,把高校公共理论课程的实践育人整合起来,既是一种新的课程观念,同时也是符合高校公共理论课程要求,切合高校公共理论课程改革和发展实际的现实选

---

① 靳玉乐:《潜在课程论》,南昌:江西教育出版社,1996年,第22页。
② 黄甫全:《大课程论初探——兼论课程(论)与教学(论)的关系》,载《课程·教材·教法》,2000年第5期,第1~7页。
③ 张玉荣:《大学隐性课程建设探讨》,江西师范大学硕士学位论文,2007年。
④ 魏银、戴锐:《高校青年志愿服务课程化研究——基于现代课程理论视角》,载《北京青年政治学院学报》,2012年第3期,第62~69页。
⑤ 余双好:《现代德育课程论》,北京:中国社会科学出版社,2003年,第26页。

择。① 因此，应把实践德育课程纳入学校课程体系进行整体构建，用包含直接德育课程和间接德育课程、学科德育课程和实践德育课程、显性德育课程和隐性德育课程的"大德育课程观"来进行实践德育课程建设，推动实践德育课程的健康顺利发展。

当前思政课实践教学存在诸多"症候"，根源在于对思政课实践教学的定位不清，或者将其作为思政课理论教学的附属或"花边"，或者将其作为思想政治教育活动的代名词。优化高职院校思政课实践教学，首先要赋予其"课程"的定位。与以往狭义、静态的课程定义不同，当今的课程是一种基于知识、经验、活动、实践的广义概念，是一种将"教学"范畴纳入"课程"范畴的概念，是一种动态生成的概念。② 高职院校思政课实践教学课程化，是指将实践教学作为一门单独的课程纳入人才培养方案，落实课程要素，以课程形态开展教学。高职院校思政课实践教学实质上是基于高职院校开设的思想政治理论课程目标的统一性、实践教学的相对独立性、思政教学与其他教育教学的关联性，以更开放的教学时空、更多样的教学形态存在的综合课程。③ 因此，要把握课程内涵，避免思政课实践教学概念的窄化或泛化。对于什么是思政课实践教学，可谓众说纷纭。整体而言，当前思政课实践教学存在窄化和泛化两种倾向。就窄化而言，一种是将思政课实践教学定义为课堂外的思政课实践教学，将思政课课堂的演讲、辩论、研讨等排斥在外；一种是将思政课实践教学定义为由马克思主义学院(思政部)组织、列入教学计划的实践教学，将其他蕴含于专业教学、日常思想政治教育、创新创业教育等有效的实践活动排斥在外。就泛化而言，则是将除课堂理论教学以外的其他实践活动均纳入思政课实践教学范畴。无论泛化抑或窄化，其实质是思政课实践教学的内涵模糊。

(二) 高职院校思政课实践教学的概念定位

教学论意义上的"实践教学"，是指在教师的指导下，依据课程内容和要

---

① 余双好:《高校实践德育课程建设的基本内容理论依据和现实策略》，载《江南大学学报(人文社会科学版)》，2004年第5期，第11~15页。
② 彭钢:《什么是课程?》，载《现代特殊教育》，2003年第Z1期，第12~13页。
③ 杨晓慧:《课程化:高职院校思政课实践教学优化策略》，载《中国职业技术教育》，2019年第14期，第23~27,43页。

求,在教学过程中构建以具有教育性、创造性、实践性的学生主体活动为主要形式,以激励学生主动参与、主动实践、主动思考、主动探索和主动创造为基本特征,以促进学生整体素质全面发展为目的的一种新型的教学观和教学形式。思想政治理论课的教学过程更为复杂,其教学活动不仅应系统传授马克思主义理论体系及其立场、观点、方法,而且需要通过知识的传授,建构学生的精神世界,帮助学生树立正确的世界观、人生观、价值观,实现知识教育与价值引导的统一。从这个意义上说,思想政治理论课与其他理论课相比有更高的要求,它不仅要体现理论课教学的理论性、系统性、规范性,而且要在课程教学中进行理论武装和价值引领。这就使得思想政治理论课具有鲜明的实践课程特点,从这个意义上说,思想政治理论课就是以理论为中介帮助大学生树立正确的世界观、人生观、价值观的实践教育活动,是一种以对大学生进行思想理论武装为特征的理论教学活动,一种以大学生世界观、人生观、价值观体验为特点的特殊实践育人活动。因此,思想政治理论课是具有特殊实践要求的理论课。[①]

学界由此对思政课实践教学相关问题进行了广泛的研究,虽然在理论和实践上都取得了丰硕的成果,但是在关于思政课实践教学的定位上没有达成共识,对其内涵的界定没有形成统一、科学的概念,乃至对于实践教学的认识存在种种误解。有的学者认为思政课实践教学是一种理念,有的学者认为思政课实践教学是一种教学活动。有的学者把思政课实践教学的内涵片面理解为让学生走出校门,投身于社会实践中,来获得感性认识。这其实是把课堂实践排除在思政课的实践教学之外,而把实践教学等同于社会实践,在很大程度上缩小了实践教学的内涵和外延。而且带领全体学生外出经费支出大、安全问题无法保证等困难因素的存在,导致无法有效地开展社会实践教学。有的教师则把实践教学与理论教学相对立,认为理论教学之外的所有课余活动都归属于实践教学,导致实践教学的外延不断扩大,从而在思想上形成对实践教学的泛化和虚化,找不到开展实践教学的方向和有效途径。思政课实践教学应该把教学中师生之间的交往和互动,以及学生学习知识的过程看成人的生活过程本身,是人的生命自我构建的活动。这种对教学中师生关系,特别是人与知识的关系的新理解,使思想政治理论

---

① 余双好:《构建与课堂教学相互促进的思想政治理论课实践教学体系》,载《思想理论教育导刊》,2015年第11期,第8~9页。

课的教学实践从理性主义的束缚中解放出来,摆脱了主客二者的局限。① 对实践教学内涵的理解,应该结合思想政治理论课的教学目标,确定和把握与课程目标相适应的实践教学的内容,进而采取与实践教学内容相适应的实践教学方法与活动载体。教学地点可以不限于校内和校外,但教学内容一定要紧紧围绕社会实际,围绕学生的思想困惑和理论难题,帮助学生从对现实社会的分析中找到答案。基于学界已有研究成果,总结教学实践经验,笔者认为,思想政治理论课实践教学是以思政课课程目标和理论知识为依据,教师主导下的学生主体参与、体验的应用性活动,是以强调创新性和实践性的主体活动为形式,以激励学生主动参与和主动思考为特征,帮助学生理解、应用理论知识解决实际问题,通过引导学生有目的地参加课内外、校内外的各种实践活动,广泛参与和体验社会现实生活,并促使学生主观世界得到感性的再教育、主体能力得到优化和思想与行为发生积极变化的教育教学过程和方法。因此,思政课实践教学的基本要素可以归纳为六个方面:一是有思政课相应的理论教学基础;二是有和理论教学相配套的实践教学计划;三是有具体活动的策划及实施方案;四是思政课教师主导、学生主体广泛参与;五是教学过程体现出实践性、主动性、创造性;六是活动后有总结、归纳、提升,反馈理论教学,直至实现思想政治理论及情感升华。② 高职教育人才培养目标决定了思政课实践教学必须立足于高职教育的总体培养目标,并依据自身教学规律,科学界定思政课实践教学的内涵。高职院校思政课实践教学包含四个层面的内容。

其一,在马克思实践观层面上,思政课实践教学是一种实践育人理念。马克思主义实践观为高校思想政治理论课实践教学提供了科学的哲学基础和理论支持。加强思想政治理论课实践教学是马克思主义理论的基本观点。实践是人类有目的地、能动地认识世界和改造世界的对象性活动,是人和人类社会的根本存在方式,也是主体和客体之间能动而现实的双向对象化过程。人的自主性、创造性和能动性是由物质实践活动产生并赋予的,实现教育与生产劳动相结合是大学生成长成才的重要途径。理念是行动的先

---

① 侯云霞、于金秀:《高校思想政治理论课教学实践与实践教学思考》,载《中国特色社会主义研究》,2007年第2期,第104~108页。
② 喻长志:《高校思政课实践教学对策研究》,载《学校党建与思想教育》,2019年第16期,第38~39页。

导,高校思政课实践教学要有序开展、取得实绩,强化实践育人的科学理念是首要问题和重要前提。长期以来,由于受诸多因素的影响,部分高校仍存在着重理论轻实践的情况,实践教学呈现出思想上畏难、行动上应付等现象,这在一定程度上直接影响了实践教学活动的深入开展和学生实践能力的有效提升。各高校要树立并强化实践育人理念,把推进实践教学改革作为创新人才培养模式、促进学生全面发展的突破口,将实践育人作为思想政治理论课教学工作的依归,实现思想政治理论课实践育人的常态化。在高校思想政治理论课实践教学中,要强调"以生为本"的育人原则,树立实践育人的理念,应推行实践教学课程化,把实践教学作为贯彻落实实践育人理念的重要举措,重视实践教学,有效实施和深入开展实践教学。[1]

其二,在课程体系建设层面上,思政课实践教学是一种课程形态。高职院校思想政治理论课实践教学是课程层面的一种具有独立形态的课程。它由思想政治理论课单项性实践教学、思想政治理论课综合性实践教学和思想政治理论课潜在实践教学构成。高职院校思想政治理论课实践教学既包括思想政治理论课教学体系中的实践性学习活动,又包括围绕思想政治理论课教学进行的广义的德育活动,即对学生思想与道德发展有着客观必然影响的其他一切校内外的正规与非正规的教育活动,以及一切显性的与隐性的德育因素。高职院校思想政治理论课实践教学将思想政治理论课程基本理论知识与大学生个性发展规律以实践活动的形式整合起来,实现了学术性知识与体验性知识、理论与实践、课内与课外、校内与校外、显性实践教育与隐性实践教育的有机结合。[2] 2004年10月,中共中央宣传部、教育部印发《关于进一步加强和改进高等学校思想政治理论课的意见》,明确提出:"高等学校思想政治理论课所有课程都要加强实践环节。要建立和完善实践教学保障机制,探索实践育人的长效机制。"这就明确了实践教学是高校思想政治理论课程的重要环节。高校思想政治理论课既需要课堂上的理论灌输,也需要学生参与社会调查、生产劳动、志愿服务、公益活动、科技发明

---

[1] 陈其胜:《高校思想政治理论课实践教学的现实路径探析》,载《理论观察》,2011年第6期,第128~129页。
[2] 侯云霞、于金秀:《高校思想政治理论课教学实践与实践教学思考》,载《中国特色社会主义研究》,2007年第2期,第104~108页。

和勤工助学等实践活动,把思政小课堂同社会大课堂结合起来,①内化思想,外化行为,知行合一。理论与实践相结合历来是高职院校思政课教学的基本原则和基本遵循。高职院校的职业性和应用性,决定了高职院校思政课教师既要传授基本的理论知识,又要结合目前学生所学专业、未来从事的职业开展实践教学。因此,在强化理论教学的同时,突出、加强实践教学,是完善思政课程体系的现实要求,也是高职院校属性的必然要求。

其三,在学科教学设计层面上,思政课实践教学是一种教学模式。教学模式是在一定的教学思想或教学理论指导下建立起来的各种类型的教学活动的基本结构或框架,是教师的行为规范,是教师理论知识和实践教学的桥梁。建构主义认为,学生是学习主体,学生通过立足于已有生活经验并把它作为新知识的增长点获得新知识。高职院校思政课无论是在认知层面使学生顺应社会主义核心价值观,形成坚定的政治觉悟、良好的道德修养、正确的法治思维和意识,还是在情感层面使学生认同社会主义核心价值观所倡导的正确价值取向,对社会规范采取自愿遵守的态度,继而把这种态度内化成自己人格的一部分,达到知情意行统一,都要坚持"由易到难、由近及远"的原则,都要基于生活实践,都要扎根于学生的实际生活和亲身感受。只有努力把社会主义核心价值观的要求变成日常的行为准则,才能使其成为学生自觉奉行的信念。因此,在教学设计上,基于课堂教学、校内实践、社会实践和虚拟实践等四大平台运用实践教学模式,采用多样化的教学方法,进行精细化的过程组织,通过实践不断丰富学生原有经验帮助其获取新知识,是思政课学科性质的内在规定,也是教学模式的不二选择。

其四,在课堂教学活动层面上,思政课实践教学是一种教学方法。思政课是对大学生进行思想政治教育的主要渠道和重要方式。传统的思政课课堂教学多是采用"文本本位""单向灌输"的教学方法,学生缺乏学习兴趣,参与度不高,导致教学效果欠佳。进入新时代,教育对象个性突出,教育手段灵活多样,客观上要求学生参与到教育教学的建构之中以不断丰富更新教学内容、提高教学实效性。而高职院校学生生源多元、质量不够理想、理论知识水平普遍偏低的情况,更要求教师因地制宜、因时制宜、因材施教,突

---

① 《用新时代中国特色社会主义思想铸魂育人 贯彻党的教育方针落实立德树人根本任务》,载《人民日报》,2019年3月19日第1版。

出生活教育,从学生熟悉的生活世界中汲取资源和力量,汲生活之源以盈教学,在学生主体的课堂介入和贡献中,激发学习兴趣,加强学生对抽象理论的理解。不仅如此,学生参与实践教学,有助于教师了解学生的前知识结构、思维范式、关注的问题和思想的困惑,进而准确把握学情,加强思想政治教育的针对性、亲和性。在课堂教学中把实践教学作为一种教学方法,要以问题意识为导向,紧密联系学生的思想实际,创设问题情境,引发学生积极思考,主动参与,切身体验,在课堂丰富多彩的实践活动中加深认识,升华情感,磨炼意志,用马克思主义理论指导行为,获得个人成长与发展。[①]

因此,思政课实践教学不仅是一种教学理念,更是一种课程形态、教学模式、教学方法。思政课作为立德树人的关键课程,肩负着培养担当民族复兴大任的时代新人、培养德智体美劳全面发展的社会主义建设者和可靠接班人的重要使命。思想政治理论课实践教学是高职院校思想政治理论课程的重要组成部分,是高职院校实践育人的重要板块。高职院校思想政治理论课实践教学是高职院校坚持以践行社会主义核心价值观为主线,以立德树人为目标,以理论结合实践为主要手段,采用课堂内外、校内外的实践载体,通过第一课堂与第二课堂互补、理性认识和感性认知相互结合的方式,让高职院校学生学会运用马克思主义的立场、观点、方法去分析和解决问题,加强他们对党的方针政策的理解,使他们树立正确的世界观、人生观和价值观,努力把他们培养成为肩负民族复兴大任的时代新人、社会主义建设者和接班人的一种育人过程和方法。思政课实践教学的"做中学,学中做",有助于进一步增强学生的体验,突出学生的主体性。

(三)高职院校思政课实践教学的特征

作为一门独立的综合课程,加上信息技术、多元化价值观带来的挑战,思政课实践教学本身是不成熟的。与传统的课堂教学理论灌输相比,高职院校思想政治理论课实践教学的优势在于重视学生作为教学主体的自主学习和切身体验,重视理论在实践中的运用,能激发学生主动参与思想政治理论课教学过程,体现教学中"学"的本位回归,提升课程教学实效。因此,高职院校思想政治理论课实践教学有其突出的特征。

---

① 梁杰:《高职思政课实践教学的心理学解读》,载《北京工业职业技术学院学报》,2020年第1期,第79~82,86页。

1. 实践性

思想政治理论课的突出特点是具有很强的实践性。实践性是高职院校思想政治理论课实践教学的基本特征。因为这与高职院校学生的思想特点和需求以及高职院校学生生活实际比较接近,在教学内容上也比较形象具体。实践教学深入现实生活使学生了解我国的世情、国情、党情,培养学生运用理论知识分析、解决现实问题的能力。高职院校思想政治理论课实践教学是一种寓教于"行"、实践性强的教学方法,更多地侧重学生的亲身感受和自主体验。

2. 课程性

实践教学作为某门课程的一种教学方法,是课堂理论教学的延伸,与课堂理论教学相对应、相衔接。相对于大学生实践活动而言,社会实践教学在教学计划、教学内容、教学任务、评价考核方面有明确的要求和制度安排,具有明显的课程性质,是一种有组织的活动。思想政治理论课社会实践教学就是通过实践,使学生理解、吸收、消化和巩固所学的思想政治理论的活动,更加自如地从理论的视角来观察世界,分析问题,解决思想困惑。① 虽然实践教学与课堂理论教学在教学方式、教学手段、组织形式等方面存在着明显的区别,但它们的教学目标是完全一致的,都是思想政治理论课教学的有机组成部分,在教学过程中具有同样的课程性质。

3. 职业性

思政课承担着对大学生进行系统的马克思主义理论教育的任务,政治性是高职院校思政课实践教学的首要属性,价值引领是其首要功能。要始终从意识形态主导权、培养社会主义建设者和接班人的高度理解和把握课程本质属性,高举中国特色社会主义伟大旗帜,以深化马克思主义特别是当代中国马克思主义教育教学和宣传为根本任务,以理想信念教育为核心,以社会主义核心价值观为引领。无论教学场域、教学形态、教学要素如何与理论教学有异,政治性都是高职院校思政课实践教学之魂,不能偏离。同时,高职院校思政课实践教学处于高职教育的特殊场域,也应该在高素质劳动者和技术技能型人才培养中有所作为,着力引导学生职业道德培养和职业素质养成,体现职业性。以政治性为引领体现职业性,体现了个体功能与社

---

① 卢黎歌:《试论高校思想政治理论课教材体系向教学体系的转化》,载《教学与研究》,2009年第11期,第89~92页。

会功能相结合的课程定位,即在理解学生的自然性基础上实现学生社会性塑造和唤醒性成长。

4. 特色性

思政课是国家课程,统一目标、统一要求、统编教材等都体现了共性。在共性基础上,高职院校思政课实践教学要注重特色性。一方面,基于高职教育特点打造特色。"产教融合、校企合作、工学结合"是高职教学办学模式和特色发展路径,这要求高职院校思政课实践教学在内容上要融入产业文化、专业文化、职业文化等,在教师队伍上要注重校企人员的混编,在教学资源和平台上实现拓展等。另一方面,基于区域特点打造特色。每个区域都有自己独特的历史文化资源,并以名人楷模、遗址、故居、博物馆、展览馆、纪念馆等载体呈现。区域文化资源既丰富了实践教学内容,又提供了实践教学载体,是增强高职院校思政课实践教学活力和打造特色的重要源泉。

5. 自主性

在新时代教育背景下,教学主客二分法已经不再适应深刻的教育教学变革,师生双主体、师生共同体等成为重构师生关系的关键。只有当受教育者在进行思想政治教育和自我教育时,才由受教育者变成了教育者,才真正成为思想政治教育主体。① 思想政治理论课实践教学要求充分尊重学生自我教育主体地位、主动意识和主动精神,鼓励学生自主选择、自主参与和自主调节,激发学生的自主潜能。高职院校思政课实践教学旨在引导学生从课堂、校园走向社会,直观、具体感知国情、社情、民意,检验和运用所学知识,实现学用相长,提升马克思主义理论素养及其应用能力。因此,高职院校思政课实践教学应彰显学生的主体地位,充分发挥学生的主体性。要坚持以"学"为重心的理念,围绕学生、关照学生、服务学生,基于学生的需求、关注点、身心发展特点和接受习惯,设计教学内容和教学形式,努力做到"包装时尚"和"工艺精湛"。要把握学生的个体发展现状,从学生已有的思想政治素质、接受能力出发,基于"最近发展区"进行教学设计。需要强调的是,鼓励学生主体性发挥不等同于放羊式实践,教师的主导作用同样不可或缺。教师与学生应该构成学习共同体,在实践教学中身心均在场,发挥引领

---

① 骆郁廷主编:《思想政治教育原理与方法》,北京:高等教育出版社,2010年,第78~79页。

带动、言传身教的作用。①

6. 开放性

现在的社会是一个开放的社会,而实践教学本身就以整个社会为对象。因此,高职院校思想政治理论课实践教学因其涉及的对象而呈现开放性特征。就其具体表现来说,一是教学内容的开放性。实践教学活动本身不完全受书本的限制,而且大部分是学生感兴趣的问题或社会难点和焦点问题等,因而教学内容需要跟随时代的发展不断地更新。二是教学场景的开放性。实践教学突破了课堂时间和空间的束缚,可以根据学生的学习需要选择合适的场景。三是师生关系的开放性。实践教学由教师和学生共同参与,以体现学生的自主性为重点,教师尊重学生,善于向学生学习,给学生实践活动以指导,在民主平等的氛围下顺利进行。四是教学考核的开放性。实践教学不像传统教学模式追求标准答案,而是让学生自由发表意见,不受条条框框的限制。考核不仅仅重视结果,也重视过程,更多地以多种形式检验教学成果。

(四)正确处理高职院校思政课实践教学的几组关系问题

实践教学作为思想政治理论课的重要组成部分,是其课程实践精神的本质显现,是深化教学改革、提高教学质量的重要途径。近年来,高职院校思想政治理论课实践教学虽然取得丰硕成果,但毋庸讳言,还有许多问题亟待解决。其中,厘清高职院校思政课实践教学内涵,对相关基本问题的梳理与澄清是破除高职院校思想政治理论课实践教学弱效之藩篱、增强教学实效性的前提条件。

一是核心课程与立德树人同心圆的关系。思政课是全面贯彻党的教育方针和落实立德树人根本任务的主干课程、核心课程、灵魂课程,其他所有课程、所有教师都承担着立德树人的职责,科研、文化、管理、服务、资助等都有育人功能,高职院校校企合作的办学模式使得企业也成为立德树人同心圆的一部分。作为核心课程的一部分,高职院校思政课实践教学具有自己独特的使命,具有特定的范畴和边界;就同心圆而言,又与其他立德树人要

---

① 杨晓慧:《课程化:高职院校思政课实践教学优化策略》,载《中国职业技术教育》,2019年第14期,第23~27,43页。

素有紧密的关联,应该发挥引领、示范、协同作用,而其他要素也可以转化为思政课实践教学资源。因此,高职院校思政课实践教学的教学主体应该以马克思主义学院(思政部)为主导,同时充分吸纳其他教学主体。强化马克思主义学院(思政部)主导与其他部门、主体的参与并不是对立的选项,恰恰相反,在"三全育人"的背景下,多个主体参与、多种样态并存、多个平台支撑,应该是高职院校思政课实践教学优化的方向。①

二是思政课实践教学与理论教学的关系。理论教学和实践教学在授课方式、侧重点等方面都有所不同。思想政治理论课的理论教学主要以讲授理论知识形式进行,以让学生掌握系统、完整的马克思主义理论知识为主要目的。而思想政治理论课实践教学则以学生的亲身践行为主,主要目的是让学生在生活实践中通过深化认识、实践磨炼而具备运用马克思主义的基本理论范式解决实际问题的能力。实践教学与理论教学是统一于思政课教学过程之中的,它们有着共同的教学目的和要求。在实际教学过程中,必须消除将实践教学看成脱离课堂理论教学的课外教学形式,认为实践教学与理论教学是完全对立的观念认识。理论教学与实践教学绝不能割裂开来,否则都会失去必须具有的"另一重要部分",那样就会削弱思想政治理论课的整体功能。高度重视思政课实践教学与理论教学有机结合,实现"虚""实"结合、有"滋"有"味"。② 在教学实施过程中,二者是相互促进、互为补充的关系。理论教学为实践教学做好理论准备,提供理论范式,确保实践教学有科学的理论指导。实践教学巩固了理论教学成果,引发学生对理论学习的认同和兴趣,是理论教学取之不尽、用之不竭的活水源头,赋予理论教学以鲜活的生活气息和生命特质。思政课实践教学又与理论教学存在差异:理论教学侧重于严密的逻辑"以理服人",实践教学侧重现实的力量"以真动人";实践教学并不将课堂内教学活动排斥在外,更多时候以课堂外的形态存在,有着更具情景性的教学空间、更开放的教学形态、更复杂的教学要素。因此,高职院校思政课理论教学与实践教学应该呈现统一分立、交替融合的状态,需要将二者有机结合,发挥互补优势,注重知行统一,让学生在

---

① 杨晓慧:《课程化:高职院校思政课实践教学优化策略》,载《中国职业技术教育》,2019年第14期,第23~27、43页。
② 喻长志:《高校思政课实践教学需求调查及对策研究——以马鞍山师范高等专科学校调查为例》,载《铜陵学院学报》,2020年第5期,第119~122页。

理论熏陶和实践体验中树立正确的世界观、人生观和价值观,成为学以致用的高技能人才。

三是显性思政与隐性思政的关系。长期以来,思政课无论是理论教学还是实践教学,大多采用显性的方式进行,灌输较多而渗透不足。在十大育人体系中,课程育人、组织育人、文化育人等的思想政治教育资源都具有渗透性和隐蔽性,渗透性指向潜移默化的功能优势,隐蔽性则蕴含挖掘和开发的要求。高职院校思政课实践教学一方面要旗帜鲜明地传播宣传马克思主义,批判各种非马克思主义和反马克思主义,实现价值引领;另一方面要借鉴和有效使用隐性手段,用春风化雨、润物无声的方式开展教育教学。未经挖掘和开发的隐性思想政治资源并不是真正的思想政治资源,需要实现从"隐性"到"显性"的转化。这种转化不是将渗透变为直接灌输,而是帮助主体提升思想政治教育自觉,为隐性思想政治资源设计清晰路径以实现功能。因此,高职院校思政课实践教学应该涵盖显性思政和隐性思政两种模式,同时加大对隐性思想政治资源的开发和挖掘并将其纳入自身系统。

四是思政课实践教学与专业实践教学的关系。高职院校思政课实践教学和专业课开展的实践教学分别对应高职人才培养目标的"高素养"和"高技能",二者的关系本质上是"成人"与"成才"之间的关系问题。思想政治理论课实践教学是集鲜明的思想性与明确的意识形态性为一体的教学,旨在培养学生运用马克思主义理论认识、分析和解决实际问题的能力,最终达到拥有"高素养"之目的。而专业课所开展的实践教学则是集技术性和专业性为一体的教学,旨在培养学生的专业技能和动手能力,最终达到拥有"高技能"之目的。思想政治理论课实践教学和专业课实践教学共同服务于高职人才培养目标,二者是紧密联系、相辅相成的关系。因此,要努力克服实际中二者各自为政的现象,寻找二者的交叉点,为思想政治理论课实践教学与专业课实践教学搭建起相互支撑的平台。在职业教育工学结合模式中,思想政治理论课可以以实训基地和企业为载体开展实践教学,在专业实践中融入思想政治理论课实践教学内容,在真实的职业环境中锻炼学生的执行能力、管理能力、自我约束和自我教育的能力,提升学生的职业素养。

五是思政课实践教学与社会实践的关系。思想政治理论课实践教学与学生社会实践虽然都强调实践性,但属于不同的活动范畴。实践教学以思想政治理论课课程内容体系为依据,服务于思想政治理论课的教学需要。

通过展现课程内容所蕴含的实践需求,确定教学目标,制定教学计划,选择教学内容,构建完整的实践教学体系,从而能够以生动鲜活的实践体验形式展现思想政治理论课程内容体系,使受教育者在实践中接受马克思主义理论教育。而社会实践则置身于课程教学之外,是以提升学生综合素质为目标和任务的更为广泛的实践活动,如专业课实习、军政训练、科技发明等具有育人功能的实践活动都可纳入学生社会实践的范畴。因此,在实际工作中要正确处理实践教学和社会实践的关系,既不能将二者混为一谈,也不能将二者完全割裂,要积极发现二者的交集,将实践教学植入社会实践,为思想政治理论课实践教学搭建广阔的社会舞台。

二、高职院校思想政治理论课实践教学的理论基础

(一)马克思主义实践观

高职院校思想政治理论课是理论教学和实践教学的结合,社会实践教学使高职学生充分发挥自身的主体作用,参与社会实践活动,在实践活动中促进自身的全面发展,将思想政治理论课的理论知识指导社会实践,并外化为具体的实践行为。思想政治理论课实践教学遵循马克思主义实践观。

马克思指出:"全部社会生活在本质上是实践的,凡是把理论引向神秘主义的神秘东西,都能在人的实践中以及对这个实践的理解中得到合理的解决。"[①]无疑,科学的实践观是马克思主义哲学首要的、基本的观点,也是马克思主义理论具有永恒生命力的关键。实践是一切认识的来源与基础,认识一旦离开实践就会成为无源之水、无本之木。马克思主义作为科学的世界观和方法论,本身是实践的产物,是在长期的实践过程中不断积累形成的。认识(理论)来源于实践,服务于实践,被实践所检验。第一,实践是理论的来源。在长期的实践过程中人们积累了丰富的经验,这些经验通过不断的提炼、升华,上升为理论。理论来源于实践,但不能否认学习间接理论的重要性,直接经验与间接经验相结合。第二,实践是理论发展的动力。实践的发展不断地提出新的理论课题,推动着理论向前发展。实践为理论发展提供必要的条件。实践能提高主体的理论水平。第三,在实践中检验和

---

① 《马克思恩格斯选集(第一卷)》,北京:人民出版社,1995年,第56页。

发展理论。列宁认为:"实践高于(理论的)认识,因为实践不仅有普遍性的特点,并且有着直接的现实性的优点。"①毛泽东强调:"马克思主义者认为,只有人们的社会实践,才是人们对于外界认识的真理性标准。"②邓小平也充分肯定实践的作用:"实践是检验真理的唯一标准,实践是检验路线、方针、政策是否正确的唯一标准。"③这一脉相承的实践观也体现在党的几代领导集体的行动中。学习理论是为了应用,只有学以致用,把理论学习与实践应用结合起来,理论才会转化为改造世界的巨大物质力量。通过实践的融合创新,进一步深化了师生对实践教学的认识,推进了实践教学,实现了实践—认识—实践的辩证统一。学生只有到实践中去,在实践中体验和内化,才能更好地将思政课程的理论应用于实践。要不断挖掘和调动学生的主观能动性和学习内驱力,通过直观性、情景性、开放性体验,达到内化生成、激发学习兴趣,使他们在自主自觉的实践活动中实现个人的成长成才,从而达到思政课显性育人与隐性育人的高度统一。④

(二)主体性教育理论

主体性教育理论兴起于20世纪80年代,20世纪90年代进入实践领域,其观点是肯定人的主体意识和能力,在教育活动中激发学生的积极性、主动性和创造性,使学生能做到自我管理、自我教育、自我服务,不仅是教育活动的主体,而且是人自身发展的主体。也就是说,培养出人格健全而又具有竞争力的实践人才的主体。⑤ 主体性教育理论的要义在于突出学生是教育的主体,在教育过程中必须尊重学生,确立其主体地位,同时也要对学生进行主体意识培养,养成学生的主体人格,真正调动和充分发挥学生在教育教学中的能动作用。教师和学生都是实践教学的主体,教师是实践教学过程中的教学主体,学生是学习的主体,二者构成协同交互作用的主体间性。一方面教师要认识到实践教学是为了提高学生的综合素质和实践能力,转

---

① 《列宁全集(第55卷)》,北京:人民出版社,1990年,第183页。
② 《毛泽东选集(第一卷)》,北京:人民出版社,1991年,第6页。
③ 《邓小平文选(第三卷)》,北京:人民出版社,1993年,第28页。
④ 查广云:《高职思政课"虚实融合、理实一体"体验式教学模式探析》,载《中国职业技术教育》,2021年第14期,第64~69页。
⑤ 方正泉:《主体性教育理论视角下的高校社会实践教育》,载《江苏高教》,2014年第2期,第145页。

变学生被动实践的观念,教师更多的是给学生提供引导和支持,使学生的个性得以张扬,人格得以提升,转化为社会主体。另一方面实践教学要求学生能够独立地面对问题和自主地解决问题,生动、直观、形象,无教室限制的实践教学能有效调动学生的积极性、主动性、创造性。这样,学生有了充分展现主体性的广阔平台,能获得自由全面发展。在这种交互式主体教育理念下,将人才培养与服务社会相结合,注重知识和注重素质、能力相结合,教师和学生两个主体互动,教学实效自然提升。要提高思政课实践教学的育人效果,就必须充分增强大学生自主学习的意识,科学地制定实践教学项目,让学生带着真实问题,带着现实任务去实践,始终注意保护和激发学生实践的兴趣和热情。教师是实践的指导者,学生是实践的主体。因此,加强实践教学已成为思想政治理论课教学改革的目标指向。

(三)思想政治教育的内化与外化规律

内化与外化的辩证统一是思想政治教育过程的基本规律,思想政治理论课作为思想政治教育的主渠道和主阵地,在实施的过程中必然遵循内化和外化的辩证统一。所谓内化是指教育将一定社会的思想政治道德转化为个人思想政治道德,并形成某种稳定的观念和信念的过程,强调教育主体的主导作用。外化是指通过实践将已形成的个人思想政治道德转化为具体行为的过程,强调教育客体的主体作用。内化与外化是思想政治教育的两个阶段,内化是外化的思想前提,外化是内化的现实结果,同时,外化还能进一步强化内化的内容。内化与外化的辩证统一能很好地解决教育者的社会思想政治要求和受教育者已有的思想政治道德之间的矛盾。片面地强调内化会使理论教育成为空洞的说教,而片面地强调外化则会使行为成为盲目的实践,唯有实现内化和外化的辩证统一才能促进理论与实践的有机结合。从某种意义上来说,思想政治理论课的课堂教学侧重于理论知识的灌输,社会实践教学侧重于理论知识指导实践行为的外化,课堂教学和社会实践教学的结合是内化思想与外化行为的统一。因此,在思想政治理论课教学过程中遵循内化与外化的规律,能有效地提升思想政治理论课教学的实效性,尤其针对高职院校学生的文化基础薄弱的状况,重视思政课实践教学的优势更加凸显。

第二节　高职院校思想政治理论课实践教学的价值意蕴

高校肩负着学习研究宣传马克思主义、培养中国特色社会主义事业建设者和接班人的重大任务。中国特色的高等职业教育承担着为经济社会发展培养高素质技能型人才的任务，开设并建设好思想政治理论课是中国特色社会主义事业对高等职业教育提出的政治要求。思想政治理论课是巩固马克思主义在高校意识形态领域指导地位，坚持社会主义办学方向的重要阵地，是全面贯彻落实党的教育方针，培养中国特色社会主义事业合格建设者和可靠接班人，落实立德树人根本任务的主渠道，是进行社会主义核心价值观教育，帮助大学生树立正确的世界观、人生观、价值观的核心课程。办好思想政治理论课，事关意识形态工作大局，事关中国特色社会主义事业后继有人，事关实现中华民族伟大复兴的中国梦，必须始终摆在突出位置，持之以恒、常抓不懈。长期以来，高职院校思想政治理论课一直存在着重课堂理论教学、轻课外社会实践的现象，影响着思想政治理论课的目标实现。因此，进一步提高对思想政治理论课开展实践教学的认识，发现当前存在的问题，探寻解决问题的对策，建立完善的、适合高职院校特点和高职学生实际的思想政治理论课实践教学体系与有效的保障机制，对于提高思想政治理论课教学质量具有十分重要的意义。

一、契合新时代的人才培育需求

在 2018 年全国教育大会上，习近平总书记重申党在新时期的教育方针，在原有"德智体美"基础上增加了"劳"。"劳"不仅指劳动意识、劳动技能和崇尚劳动的观念，更重要的是指借助于学校教育引导学习者自觉将知识、技能主动应用于改造社会的实践并解决生活和职业发展中的实际问题。新时代科技日新月异、各国竞争日趋激烈，时代呼唤富于创新精神、勇于创新实践，能够应对变化和解决复杂问题的复合型人才与高素质创新创业人才。因而实践能力成为新时代大学生全面发展必备的素质之一。教育部于 2012 年 6 月印发的《国家教育事业发展第十二个五年规划》中明确提出，要"将文化知识学习和思想品德修养、全面发展和个性发展、创新思维和社会实践紧密结合"，"加强动手实践教学，增加学生参加生产劳动、社会实践和创新活动的机会"。2020年9月,习近平总书记在教育文化卫生体育领域专家代表座谈会上再次强调:要"促进学生德智体美劳全面发展,培养学生爱国情怀、社会责任感、创新精神、实践能力"。① 思政课实践教学是学生运用所学知识分析、解决现实问题的载体,是提升大学生实践能力的重要手段。高等职业教育的目标是培养应用型优秀人才——不仅要掌握精湛的专业技术技能,而且要有坚定的理想信念和良好的品德修养。思想政治理论课是培养学生坚定理想信念和良好品德修养的主渠道,在高职院校人才培养中发挥着重要作用。而传统的以课堂为主的思想政治理论课,对于高职院校人才培养的作用是有限的。在以专业实践教学为主的高职院校人才培养模式中,社会实践教学也是对高职学生进行思想政治教育的重要形式。实践证明,热衷于专业实践、操作能力强的高职学生,在社会实践中更能系统掌握马克思主义、毛泽东思想、邓小平理论、"三个代表"重要思想、科学发展观和习近平新时代中国特色社会主义思想,提升自身的思想道德素质和政治素质。

二、提高思想政治理论课教学质量的必然要求

习近平总书记在全国学校思想政治理论课教师座谈会上指出:"要坚持理论性和实践性相统一,用科学理论培养人,重视思想政治理论课的实践性,把思政小课堂同社会大课堂结合起来,引导学生立鸿鹄志,做奋斗者。"②中国特色社会主义事业的发展,既需要建设者,更需要接班人,思想政治理论课正是用新时代中国特色社会主义思想铸魂育人,引导学生增强中国特色社会主义道路自信、理论自信、制度自信、文化自信,厚植爱国主义情怀,把爱国情、强国志、报国行自觉融入坚持和发展中国特色社会主义事业、建设社会主义现代化强国、实现中华民族伟大复兴的奋斗之中的关键课程。面对新要求、新形势和新任务,思想政治理论课必须与时俱进,不断创新,改变传统的教学模式。只有把理论知识和社会实践结合起来,才能充分发挥思想政治理论课的育人功能,实现其价值的最大化。

---

① 《习近平在教育文化卫生体育领域专家代表座谈会上的讲话》,载《人民日报》,2020年9月23日第2版。
② 《习近平在全国学校思想政治理论课教师座谈会上的讲话》,载《人民日报》,2019年3月19日第1版。

一是思想政治理论课实践教学是转变教育价值观的课程实践。习近平新时代中国特色社会主义思想的人民性，是马克思主义人本思想在中国特色社会主义新阶段的体现，奠定了我国未来社会发展的基本价值和方向。思想政治理论课贯彻落实以人为本的发展理念，意味着在教育的实施过程中，既要弘扬新时代爱国主义精神，为中华民族伟大复兴贡献力量，又要改变以往以国家立场和民族需要为唯一的价值取向，将之与学生个人的全面发展结合起来。实践教学的开展就是让学生更多地接触和了解社会，让学生在生动的社会实践中"眼见为实"，体验中国特色社会主义事业的蓬勃生机和辉煌成就，培养发展自我、报效祖国的家国情怀，形成把个人的发展梦与实现中华民族伟大复兴的中国梦相结合的高度自觉。

二是开展实践教学是遵循思想政治理论课自身本质属性的体现。作为马克思主义理论特质的实践性，也是思想政治理论课的本质属性。"哲学家们只是用不同的方式解释世界，而问题在于改变世界"。[①] 马克思关于理论与实践关系的经典表述，强调了要把实践作为基础。以马克思主义及其中国化理论成果为指导的思想政治理论课，其实践的本质属性在教育实施过程中表现为将理论教学与实践教学有机结合。通过实践教学，引导广大青年大学生既自觉用马克思主义及其中国化的理论成果武装头脑，又勇于面对社会现实，善于用学到的理论知识和基本原理分析问题，正确看待社会各种现象，在实践中提高分析问题和解决问题的能力。有效实践教学的开展，将从理论灌输和实践体验两个方面实现中国特色社会主义理论体系特别是习近平新时代中国特色社会主义思想入脑入心，并使学生自觉以此为思想和行动的遵循。

三是当前高职院校思政课实践教学的现实要求。在思政课实践教学方面，不少高职院校迈出了坚实有力的步伐，采取了一些有效的举措，但就整体而言，仍然存在以下问题：首先是重视程度参差不齐，有的高职院校仍然在很大程度上规避党和国家关于思政课建设的相关要求，不重视思政课甚至直接砍掉实践课时；有的高职院校虽有实践教学的安排，但在经费、师资投入等方面均有明显不足。其次是实践教学质量参差不齐，"放羊实践"与"精英实践"并存，实践教学简单化、同质化设计较多，实践教学开展的规范

[①] 《马克思恩格斯选集（第一卷）》，北京：人民出版社，1995年。

性、系统性有待提升。可以说,高职院校思政课实践教学现状与学生的期待存在一定距离,与办人民满意教育的要求有一定距离。[①]

三、培养具备创新发展实践能力的应用型人才

思政课是关乎人的思想观念与行为发展的实践教学活动,知行合一是思政课的题中应有之义。思政课实践教学是一种"主观见之于客观"的能动的实践过程,发挥着理论联系实际的桥梁作用。高职院校尤其重视对学生创新意识和实践能力的培养,而思政课实践教学正好是高职学生立足于实际、关注现实、掌握科学方法、提高动手能力与解决问题能力的重要平台。对高职院校思政课实践教学体系进行探索,力求在深入了解高职学生发展特点和实际需求的基础上,构建科学规范的高职院校思政课实践教学体系,凸显学生主体地位,使学生在亲耳听、亲眼看、亲手做的过程中深化对所学理论的理解和把握,真正做到学思用贯通、知信行统一,成为新时代需要的高素质、高水平应用型人才。高职院校开设思想政治理论课的目的在于对学生进行系统的马克思主义理论教育和思想品德教育,这是由社会主义学校办学宗旨所决定的。思想政治理论课教学关乎学生的精神世界,当然不仅仅止于课堂、教材、校园。学生需要有"纸上得来终觉浅,绝知此事要躬行"的亲身体验,进而在社会实践活动中做到对马克思主义理论和现行的党的路线、方针、政策真懂、真信、真用。实际上,通过社会实践教学能更好地促进高职学生的全面发展,培养学生的观察能力、分析能力、组织能力、动手能力、表达能力、创造能力等,而这些能力的培养对于高职学生的成长成才是非常重要的,也是高职学生成长成才的现实要求。在思政课理论教学的基础上,结合当代青年大学生学习、生活、思想状态的特点开展形式多样、内容丰富的实践教学,可以增强学生的切身感受,让学生理论联系实际,将理论知识"内化于心、外化于行",培养知行合一的良好品质,从而帮助他们扣好人生的"第一粒扣子"。

四、高职院校学生心理发展的必然要求

习近平总书记在学校思想政治理论课教师座谈会上指出,思政课教学

---

① 杨晓慧:《课程化:高职院校思政课实践教学优化策略》,载《中国职业技术教育》,2019年第14期,第23~27,43页。

要符合学生的认知规律和接受特点,要发挥学生主体性作用。可以说,高职院校思政课加强实践教学,不仅是学校属性的要求,也是学生身心发展的必然要求。高职学生大多为 18~25 岁,心理学家把这一阶段称为成年初显期。这一阶段的学生要独立完成许多重大的人生课题,如个性完善、学业发展、交友恋爱、求职择业等,但是由于个体心理发展不成熟、情绪不稳定,很容易出现心理冲突,如理想和现实的冲突、自尊与自卑的冲突、情绪与理智的冲突、独立与依赖的冲突、性生理和性心理的冲突。因此,这一阶段也是人生中一个困难时期。关于这个时期,心理学家 Keniston 认为始终存在一种"自我和社会之间的张力",以及"对于被完全社会化的拒绝"。[①] 埃里克森自我发展八阶段理论则强调,这一阶段学生主要发展亲密感,解决亲密与孤独的冲突。总之,"冲突"是这一阶段的主题词。如果成功地解决危机和冲突,就会形成爱的美德。否则,就会形成混乱的两性关系。而冲突的解决、独特的自我系统的建构,都离不开活动,都完成、实现于活动。活动对心理发展的重要性表明,思政课一定要注重实践教学,实践教学是完成学生心理发展任务的重要途径和载体。对于高职学生来说,思政课实践教学更切合其心理特征。第一,进入高职院校学习,是大部分学生由于高考失利退而求其次的无奈选择。这种非心甘情愿的选择以及"学而优则仕"的社会认知,严重影响了高职学生的自我认知、身份认同,以致其贴上边缘群体的标签而普遍存在自卑心理。心理学家阿德勒认为,人们的自卑情结有两方面的来源,其中之一就是被忽视或被拒绝。一个人如果被忽视,就容易丧失自我价值感,进而产生巨大的、难以克服的自卑感。被忽视就是缺少应有的认可与尊重。人是社会性、群体性的存在,社会以及群体的认同对其健康身心的养成至关重要。正如香港科技大学副教授张兆和所言:"一个群体的身份是否能得到社会的承认和尊重,对该群体来说是一件很重要的事。"就高职学生而言,他们中的大多数在中学甚至在小学成绩就不够优秀、突出,受到的批评和指责往往多于表扬与鼓励,日积月累,容易出现自我认同危机。帮助学生克服自我认同危机、身心健康发展是高职院校思政教育的重要内容之一。因此,思政课实践教学是培养高职学生社会情感的有效途径与重要载体。第二,与本科院校学生相比,高职学生还有一个重要的心理特点,那

---

① Keniston K. Youth and dissent:The rise of a new opposition[M]. New York:Harcourt Brace Jovanovich,1971:73.

就是生活的无意义感和迷茫。心理学家李晓文认为:"意义感的来源自然有多种渠道,但是,若仅限于人自身这一角度分析,可以认为主要产生于自己投入群体活动的生活情节。在我们作为主体投入群体生活情境时,会真切地感受生活情境中具体过程,会为其中的直观生动深有感触,由此引发的主体情绪与意义感受密切相关。"①而思政课实践教学的目的正是创设这样一种情境,通过实践活动让学生找到生命的意义与价值。第三,高职学生自我控制的水平虽较之中学阶段明显提高,但有时容易冲动,做事情缺乏毅力。美国心理学教授安吉拉·达克沃斯认为人的成就与智商关系不大,努力更重要。毅力表现为对长期目标的热爱和坚持不懈。而高职学生对专业、未来职业的热爱之情,克服困难、勇往直前的毅力都需要在实践活动中培养与激发。课堂上教师的语言教育很难内化到学生个人的认知系统中去,这也是思政教育中实践教学和理论教学脱节的主要原因。高职学生的思维以直观形象思维为主,抽象逻辑思维较差,对抽象理论理解起来有点困难,学习时更喜欢动手操作,即"做中学,学中做"。他们思维的灵活性、敏锐性强,独立性、批判性不够,因此有时在看问题时显得理性不足,往往把问题看得过于简单而陷入想当然的境地。遇到挫折就会对自己曾经接受的理论产生怀疑。心理学家认为伦理道德、价值态度真正内化到个体认知系统中,意味着人在采取这种态度去行动时,会自觉自愿地奋起,与此同时也自觉自愿地抑制。付出努力,即使失败也会感到愉悦、激动、自豪,这样一种涉及身心各个方面的内化不可能单靠说教就能完成,必须使学生全身心投入实践活动中去,在活动基础上产生认知的改变,体验情感的变化,引发自觉的行为。因此,高职院校思政课加强实践教学,是学生身心特点的内在呼唤,是人才培养目标达成的必然要求。②

---

① 李晓文:《学生自我发展之心理学探究》,北京:教育科学出版社,2006年,第215页。
② 梁杰:《高职思政课实践教学的心理学解读》,载《北京工业职业技术学院学报》,2020年第1期,第79~82,86页。

第三章

高校思想政治理论课实践教学的
发展历程和经验成效

中华人民共和国成立以来,党和国家高度重视思想政治理论课实践育人。伴随着1978年改革开放的展开推进,我国高校思想政治理论课先后形成了1985年、1998年、2005年和2018年四个课程方案。在不断推进思想政治理论课教学改革的过程中,实践教学逐渐成为高校思想政治理论课教学的重要组成部分。为推进高校思想政治理论课实践教学研究,非常有必要系统梳理我国高校思想政治理论课实践教学的发展历程,总结分析我国高校思想政治理论课实践教学积累的丰富历史经验和产生的主要成效。

第一节 高校思想政治理论课实践教学的发展历程

在不断推进思想政治理论课教学改革的过程中,实践教学逐渐成为高校思想政治理论课教学的重要组成部分,也被认为是提高思想政治理论课教学效果的有效途径。课堂理论教育与社会实践体验相统一的教育教学方法,实际上是理论联系实际的马克思主义学风的运用。[①] 高校思想政治理论课必须加强实践环节,让思想政治理论课贴近实际、贴近生活、贴近学生,为枯燥的理论课引来源头活水。[②] 与我国高校的思想政治理论课教学发展相

---

① 秦宣:《新中国成立60年来高校思想政治理论课沿革及其启示》,载《思想理论教育导刊》,2009年第10期,第23~32页。
② 李影:《高校思想政治理论课实践教学的缘起及其历经的发展阶段》,载《教育探索》,2012年第4期,第127~128页。

适应,中华人民共和国成立后我国高校思想政治理论课实践教学可划分为初创与探索、重建与再兴、深化与创新三个发展阶段。

一、高校思想政治理论课实践教学的初创与探索

1949—1977年,我国高校思想政治理论课实践教学处于初创和探索阶段。在此阶段,我国高校思想政治理论课体系初步建立并得到完善、调整和发展,各地高校引导学生学习理论,解决学生的主要政治思想问题,以社会实践为主的教学实践逐步开展,并产生了积极的社会影响,为高校思想政治理论课实践育人积累了经验,奠定了基础。此阶段后一时期,出现了一系列"左"的错误,我国高校思想政治理论课实践教学出现了严重的曲折,直到粉碎"四人帮"后,才逐步对这些错误进行拨乱反正。

(一)高校思想政治理论课课程体系的建立与调整

中华人民共和国成立前,中国遭受了长期战争的摧残,满目疮痍,经济非常困难,需要迅速建立社会主义建设队伍,以满足经济建设的需要。中华人民共和国成立前在高等教育方面,除解放区开办的几所新学校外,例如在主要行政区域都建立有人民革命大学,国民党统治地区的高等教育机构具有很强的旧制度的传统教育思想习性。时任教育部部长马叙伦在全国第一次教学工作会议上指出,中国旧教育是旧的经济基础和上层建筑的反映,其本质是维护旧制度的工具。现在旧中国反动阶级统治结束,旧教育存在的根基已不复存在,随着人民民主专政国家的建立,适应新的政治和经济制度的新教育必须建立起来。从国际环境来看,以美国为首的资本主义阵营的孤立、封锁政策,使新中国的建设和发展之路充满坎坷。所以,要快速实现社会主义工业化、建设社会主义强国,教育就是强大的武器。

1949年9月29日中国人民政治协商会议第一届全体会议通过的《中国人民政治协商会议共同纲领》(以下简称《共同纲领》)针对思想政治教育提出了初步要求和基本途径。此后各高校根据《共同纲领》的精神,结合实际情况开始着手废除旧有的、不合时宜的政治课程,相继设立新的政治理论课程。

1952年10月7日,教育部发出有关高等学校思想政治课程的文件,该份文件具体明确规定了全国高等学校政治理论课的开设课程数量以及相关

开课前后顺序等方面的内容。①

为了适应社会主义建设的现实需要,1957年12月10日,高等教育部、教育部根据中共中央宣传部相关文件精神以及党和国家领导人的批示意见,发出了有关全国高等学校开设社会主义教育课程的文件。该文件要求全国高等学校各年级必须开设统一的社会主义教育课程,并要求全体高校学生根据文件精神结合学校实际情况参加相关社会主义教育课程学习。该文件还对社会主义教育课程的教学目标、课程考核、学时和课程的组织领导管理等进行了具体的规定。② 结合当时的国际形势和国内的发展情况,全国高等学校社会主义教育课程的开设无疑有助于高校学生增强对社会主义制度及其优越性的认识和了解。然而"大跃进"的发生,对全国高等学校的思想教育工作造成了较大的冲击,干扰了高校正常的教育教学秩序。

1959年以后,随着党和国家各项工作步入正常的轨道,全国高等学校的思想政治理论教育正常的教学秩序得到了逐步恢复,高校思想政治理论课的课程建设也得到了恢复与发展。

1959年4月6日至7月27日,教育部在北京举办的马克思列宁主义课程教师学习会议上提出要将全国高校思想政治理论课设定为四门,即"社会主义""政治经济学""哲学"和"中共党史"。

(二)1949—1956年高校思想政治理论课实践教学的初步探索

这一时期,全国高等学校逐步形成新的政治理论课程体系,在重视高校政治理论课理论教学的同时,根据当时情况的发展也开始重视高校政治理论课实践教学。1952年10月,教育部结合实际发布了《教育部关于全国高等学校马克思主义列宁主义、毛泽东思想课程的指示》。该文件针对全国高等学校各门政治理论课实践教学的课时作了比较明确的规定,具体要求如课堂讨论时数约等于讲课时数的一半,约等于总课时的三分之一等。③

---

① 该文件为《关于全国高等学校马克思列宁主义、毛泽东思想课程的指示》,具体参见教育部社会科学司组编:《普通高校思想政治理论课文献选编(1949—2006)》,北京:中国人民大学出版社,2007年,第14页。
② 该文件为《关于在全国高等学校开设社会主义教育课程的指示》,具体参见《建国以来重要文献选编(第14册)》,北京:中央文献出版社,1997年,第423页。
③ 李宇卫:《普通高校思想政治理论课实践教学概述》,成都:西南交通大学出版社,2016年,第8~9页。

各高校结合各项政治运动,以社会实践活动为主要形式开展高校思想政治理论课实践教学活动。在1949—1956年期间,全国高等学校思想政治理论课比较重视实践教学,特别是社会实践。比如以工作队的形式,组织大学生深入农村,参加土地改革实践活动;通过宣传、揭发或检举等方式,各高校组织大学生参加"镇压反革命"的实践活动;在1950—1953年的"抗美援朝"期间,各高校组织大学生给在朝鲜前线的志愿军战士写慰问信、开展多种形式的捐款捐物等活动,以实际行动响应和支持"抗美援朝、保家卫国"的号召。《共同纲领》就明确强调我国的教育要实现理论与实际相结合。

1949年12月30日,钱俊瑞在第一次全国教育工作会议总结报告中再三强调思想教育的重要性,并认为思想理论的学习应当和生产劳动、群众斗争、参观活动结合起来才能发挥较大作用。[①]

1954年10月4日,教育部发文指出理论学习应当配合适当的社会实践,比如生产活动、群众斗争等,以实现感性活动与理性认识的统一。

1955年4月25日,时任教育部副部长刘子载指出,要通过重大节日的专题演讲、座谈会、编制标语、出墙报以及组织小型展览会等形式开展教育,同时也强调把文体活动和社会服务作为重要的活动载体。

1949—1956年高校思想政治理论课实践教学具有以下特点:第一,根据实际确立教育目的;第二,实践主体灵活多样,实践方法多是集体讨论;第三,在理论学习和实践教学的关系上,强调以理论学习为主,注重以科学的理论来武装学生的头脑,在实践中克服错误观点,深化正确理论的学习;第四,重视对社会实践的组织领导和管理;第五,能正确处理实践教学形式、内容与教育意义的关系。

1949—1956年这一时期是我国高校思想政治理论教育的起步阶段,各高校通过将理论学习和社会实践相结合的教学方法,对大学生进行马克思主义理论的教育,提高了大学生的思想认识。具体来说:第一,通过引导大学生参加这一时期由全国影响较大的社会运动带来的社会实践活动,比如抗美援朝、土地改革和"镇压反革命"等大型的全国运动,加强大学生对人民民主专政以及对中国共产党核心地位的认识;第二,通过对过渡时期总路线的学习与宣传的实践活动,帮助大学生克服了错误的思想倾向;第三,通过

---

① 教育部社会科学司组编:《普通高校思想政治理论课文献选编(1949—2006)》,北京:中国人民大学出版社,2007年,第4页。

组织大学生参加宣传马克思唯物主义思想的社会实践活动,进一步促进大学生树立正确的世界观。

(三)以生产劳动为主,开展思政课实践教学

1958年8月,毛泽东指出高等院校要抓好党委领导、群众路线、教育与生产的结合。① 1958年9月,中共中央、国务院明确指出,在一切学校(当然包括全国的高等学校),必须把生产劳动列为(高校的)正式课程,每个(高校)学生都必须依照规定参加一定时间的劳动;(高校)学生要具备广阔的知识面、健康的体魄,还要具备共产主义道德。②

这一时期毛泽东非常重视全国大学的改造,特别是文科的改造。高校思想政治理论课教学主要侧重于对高校文科教师和大学生的教育改造,并把开展课程实践教学当作高校思想政治理论课教学的重要途径和方法。1964年9月,中共中央、国务院专门就高校思想政治理论课发出通知文件,即《关于组织高等学校文科师生参加社会主义教育运动的通知》③。该份文件要求全国所有设置文科专业的高校,根据各自的实际情况,比较具体地确定本校参加社会主义教育运动的时间,教育运动的组织与管理安排、教育运动的时间安排、教育运动的教学计划调整、教育运动的地点安排和教育活动管理等方面的详细工作,要具体情况具体分析,做到科学合理地开展社会主义教育运动。

1966年5月7日,毛泽东在给林彪的信中指出,学校不仅要学习理论知识,还应当学工学农、学军,缩短学制,要批判资产阶级,结束资产阶级知识分子对学校的统治。

1963年10月和1964年1月,教育部分别发出通知要求高校政治理论课教学务必与大学生参加生产劳动锻炼活动、下乡下厂活动及各项政治运动相结合,统筹做好安排。④ 这一阶段为更好地贯彻落实"教育与生产劳动相结合"的教育方针,高校思想政治理论课实践教学的形式主要以组织学生

---

① 《毛泽东文集(第七卷)》,北京:人民出版社,1999年,第399页。
② 《建国以来毛泽东文稿(第十一册)》,北京:中央文献出版社,1996年,第96~97页。
③ 《中华人民共和国重要教育文献(1949—1975)》,海口:海南出版社,1998年,第1312~1313页。
④ 马艳霞:《高校思想政治理论课实践教学的历史考察与反思》,大理大学硕士学位论文,2020年。

参加生产劳动为主。"文化大革命"期间,高校思想政治理论教育教学被政治运动取代,思政课实践教学也无法正常开展。1976年10月,党中央粉碎了"四人帮"反革命集团,国家进入了拨乱、反正的新时期。

二、高校思想政治理论课实践教学的重建与再兴

从国家实行改革开放至党的十六大召开前,中国共产党迅速纠正了曾经所谓"以阶级斗争为纲"的明显不对的、带有严重偏见的思想,并结合当时国际形势与国内实际情况逐步确立和形成了中国特色社会主义道路。1978年4月,邓小平提出将教育与生产劳动相结合,作为我国教育事业繁荣和发展方针,并要求在教育与生产劳动结合的内容方法上不断有新发展。1980年在教育部印发文件指导下,各高校开始探索形式多样的思想政治理论课实践教学方式。[①]

1984年,教育部对于高校的思想政治教育必修课程作出了明确的要求,全国各高校要把大学生参加生产劳动与公益劳动、社会调查活动以及大学生思想政治工作实习活动作为高校思想政治理论课的实践课程。[②] 1987年,国家教育委员会(设立于1985年,1998年更名为教育部)联合共青团中央共同印发《关于广泛组织高等学校学生参加社会实践活动的意见》,对各高校组织大学生参加社会实践活动作出了具体要求。

高校思想政治理论课"1985年方案"与实践育人在部分高校的尝试。1985年8月中共中央发布的《中共中央关于改革学校思想品德和政治理论课程教学的通知》明确指出,各学校思想政治理论课要在教学中对注入式的教学方法作出改变,尽可能在教学中采取启发式的教学方法,同时也要精心地组织安排学生参与自由活泼的课堂讨论活动,积极组织学生参加社会实践和社会调查等实践活动。1987年国家教育委员会在《关于改进和加强高等学校思想政治工作的决定》中更加明确地提出各高校要积极引导大学生参加社会实践活动。[③] 各高校在贯彻落实高校思想政治理论课"1985年方

[①] 马艳霞:《高校思想政治理论课实践教学的历史考察与反思》,大理大学硕士学位论文,2020年。

[②] 马艳霞:《高校思想政治理论课实践教学的历史考察与反思》,大理大学硕士学位论文,2020年。

[③] 全国普通高校"两课"教育教学调研工作领导小组组编:《普通高校思想政治教育课程文献选编(1949—2003)》,北京:中国人民大学出版社,2003年。

案"期间,空前地重视组织大学生参加社会实践活动,逐步从曾经把生产劳动作为单一的社会实践活动形式中走了出来。不过这并不是将高校学生参加社会实践和高校思想政治理论课理所当然地密切进行联系,而仅仅是在高校思想政治理论课教学方法的改革中顺便提及社会实践。①

高校思想政治理论课"1998年方案"与实践教学在各高校的推进。1998年6月,中共中央宣传部、教育部印发了《〈关于普通高等学校"两课"课程设置的规定及其实施工作的意见〉的通知》,对高校思想政治理论课的课程设置进行了调整,各高校要在"两课"教学内容、教学方法方面推进改革,充分运用研讨、组织大学生进行参观调查等多种方式,在理论和实践相结合上开展教学,注重教育和引导大学生进行学习、思考和研究。② 很多高校在贯彻"1998年方案"时尝试开展实践教学,并且把实践教学纳入管理体系。可以说,高校思想政治理论课实践教学在全国各高校中广泛推进开展,部分高校还为此探索出了好的做法和宝贵的经验,相当一部分高校思政课教师也能够在思政课教学改革创新中主动地探索高校思政课实践教学的新的模式和新的方法。不过,一部分高校由于学时相对不足、经费比较紧张等诸种原因,没有将思政课实践教学真正落到实处,尽管教学计划中有规定,但并未实施到位。

三、中国高校思想政治理论课实践教学的深化与创新

进入21世纪后,大学生思想政治教育实践育人活动有了重大发展和创新,形成了以思想政治理论课实践教学、社会实践活动、校园文化活动等为主要内容的实践体系。

高校思想政治理论课"2005年方案"实施以来,思想政治理论课实践教学常态化有序运行。2005年2月,中共中央宣传部会同教育部联合印发《关于进一步加强和改进高等学校思想政治理论课的意见》,设置了"马克思主义基本原理""毛泽东思想、邓小平理论和'三个代表'重要思想概论""中国近现代史纲要""思想道德修养与法律基础"等4门高校公共思想政

---

① 秦宣:《新中国成立60年来高校思想政治理论课沿革及其启示》,载《思想理论教育导刊》,2009年第10期,第23~32页。
② 中共中央宣传部宣传教育局、教育部社会科学研究与思想政治工作司、共青团中央学校部组编:《加强和改进大学生思想政治教育文件选编》,北京:中国人民大学出版社,2005年。

治理论课必修课,并设置安排了"形势与政策"和"当代世界经济与政治"2门高校公共思想政治理论课选修课。高校思想政治理论课"2005年方案"在思政课教学内容方面凸显出思政理论的客观现实性,贴近大学生的日常生活和思想实际,从理论和实践相统一的视角来深化马克思主义理论的教学。此方面彰显出进行高校思政课实践教学是深化思政课教学改革创新的内在诉求。因此,高校思想政治理论课"2005年方案"从全面加强和改进全国高校思政课教学方式及教学方法的视角切入,要求在全国高校思政课所有大学课程中均需要注重实践环节,健全思政课实践育人的保障机制,积极构建思政课实践教学的有效机制。① 各高校应围绕教学目标,制定大纲,规定学时,提供必要的经费。加强组织和管理,把实践教学与社会调查、志愿服务、公益活动、专业课实习等结合起来,引导大学生走出校门,到基层一线去,到普通的工农群众中去,积极开展各种形式的实践活动,提升大学生思想政治道德素质与综合能力,增进思政课教学的实效性。由此可见,实践教学在落实高校思想政治理论课"2005年方案"中发挥着重要的作用。高校思想政治理论课"2005年方案"已经明确地把实践教学纳入思想政治理论课程,使实践教学以课程的形式得到了强化,所以高校思想政治理论课实践教学已经处于常态化运行中。这就要求思想政治理论课实践教学不能流于形式,而应该从课程意义上加以理解。

经过改革开放以来的课程教学探索发展,高校思想政治理论课正在构建从第一课堂至第二课堂、从线下课堂教学至线上云课堂教学、从现实课程教学至虚拟的实践教学相统一、相结合的课程教学体系。高校思想政治理论课为应对新时代的挑战,提高教学效果,对实践教学体系进行创新发展,实践教学受到高度重视。2015年9月,中共中央宣传部与教育部联合下发《普通高校思想政治理论课建设体系创新计划》(以下简称《创新计划》),强调了思想政治理论课建设体系创新的指导思想、原则、教学内容以及必要性等内容诸多的指导意见。《创新计划》强调以下内容:第一,强调实践教学的重要性,推动学生实践教学与教师实践研究;高校应努力建设第二课堂,实现思想政治理论课与专业课程融合,坚持校内与校外相结合,加强资源整合,构建长效机制;第二,加强教材体系建设。2018年4月,教育部印发《新

---

① 中共中央宣传部宣传教育局、教育部社会科学研究与思想政治工作司、共青团中央学校部组编:《加强和改进大学生思想政治教育文件选编》,北京:中国人民大学出版社,2005年。

时代高校思想政治理论课教学工作基本要求》(又称高校思想政治理论课"2018年方案"),对新时代高校思想政治理论课的指导思想、基本原则和具体步骤等方面进行明确的强调。该文件还尤其指出,各高校要分别从本科、专科思想政治理论课的现有学分中专门划出2个学分、1个学分,开展本科、专科思想政治理论课的实践教学;要研究确定统一的思想政治理论课实践教学大纲,统筹整合思想政治理论课实践教学的资源,积极拓展思想政治理论课实践教学的形式,强化思想政治理论课实践教学的效果。2019年3月18日,习近平总书记在学校思想政治理论课教师座谈会上强调,坚持理论性与实践性相统一,重视思政课的实践性,把思政小课堂同社会大课堂结合起来。2019年8月,中共中央办公厅、国务院办公厅联合下发《关于深化新时代学校思想政治理论课改革创新的若干意见》,强调推动高校思想政治理论课实践教学和大学生社会实践活动、大学生志愿服务活动等实践活动相结合,把思政的小课堂与社会的大课堂进行结合,健全完善高校思想政治理论课实践教学机制。2020年12月,中共中央宣传部与教育部共同下发《新时代学校思想政治理论课改革创新实施方案》,明确强调各高校要规范思想政治理论课实践教学,将思想政治教育与社会实践、志愿服务和实习实训等实践活动进行有机融合,注重提升思想政治理论课实践教学的实效。因此,各高校要按照近年来党和国家相关文件的要求,结合实际,把思想政治理论课理论教学和实践教学都摆在重要的位置,坚持思政课的理论性和实践性相统一,强化思政课实践性特色,注重发挥思政课实践教学的重要作用。

改革开放以来,我国高校思想政治理论课由"1985年方案"至"1998年方案",又至"2005年方案",再至"2018年方案",经过了几个重要的课程改革发展阶段,各个阶段均把实践育人摆至一个日益凸显的地位上。高校思想政治理论课实践教学的发展和推进,有利于提升高校思想政治理论课的教学质量和教学实效。

第二节 高校思想政治理论课实践教学的经验成效

一、高校思想政治理论课实践教学的基本经验

高校思想政治理论课实践育人,注重将高校思想政治理论课的理论教学与实践教学相统一,使大学生树立正确的世界观、人生观和价值观,提升大学生思想政治道德素质和综合能力。中华人民共和国成立后,我国高校思想政治理论课实践教学积累了丰富的理论和实践经验。

(一)摆正课程实践育人的位置是搞好高校思政课实践教学的重要前提

正确认识和确立思想政治理论课实践教学的重要地位,摆正课程实践教学的位置,是搞好高校思想政治理论课实践教学的重要前提。中华人民共和国成立后,党和政府把思想政治理论教育列为高校教学的重要组成部分。一方面,正确认识理论与实践的关系,加强理论与实践的联系是确立高校思想政治理论课实践教学重要地位的思想基础。重视和搞好思想政治理论课课堂理论教学,是搞好思想政治理论课实践教学的先决条件和重要保证。如果思想政治理论课课堂理论教学未能将理论知识讲授清楚或者理论本身不符合客观实际,那么,思政课实践教学就无法开展,实践教学就达不到预期的目的或者步入错误的道路。另一方面,检验理论正确与否的唯一标准是实践。实践也是推动理论发展的动力。通过深化思政课实践教学,巩固和提升思政课课堂理论教学的效果。因此,在中华人民共和国成立后,党和政府十分重视高校思想政治理论课实践教学,在加强高校思想政治理论课课堂理论教学的同时,就确立了思想政治理论课实践教学的重要地位。由此保证了高校思想政治理论课实践教学的持续发展。

1949年12月,时任教育部副部长钱俊瑞在教育工作会议上明确要求各高等院校着眼于有效开展高校思想政治教育,大学生的平时学习要和其参加劳动生产、参观解放军或工厂等实践活动进行结合。[①] 1950年12月,教

[①] 全国普通高校"两课"教育教学调研工作领导小组组编:《普通高校思想政治教育课程文献选编(1949—2003)》,北京:中国人民大学出版社,2003年,第4页。

育部提出了理论学习要"酌量配合实际行动"的重要观点。① 这些论述不仅阐明了思想政治理论课实践育人的必要性和重要性,也初步确立了思政课实践教学在高校思想政治理论课教学中的重要地位,使高校思想政治理论课实践教学有效地开展起来。

进入改革开放新时期,思政课实践教学在高校思想政治理论课教育教学中的地位得到进一步提高。正是因为高校思想政治理论课实践教学重要地位得以确立,高校思想政治理论课实践教学才得到不断的发展。

(二)建立一支高素质的师资队伍是搞好高校思政课实践教学的重要基础

建立一支高素质的师资队伍,是搞好高校思想政治理论课实践教学的重要基础。中华人民共和国成立之初,随着各地高校思想政治理论课的普遍开设,具备马克思主义理论水平的思想政治理论课教师十分短缺。为此,党和政府十分重视高校思想政治理论课师资队伍建设,持续对思想政治理论课教师队伍进行扩充,同时通过各种方式对思想政治理论课教师进行培训,以提升思想政治理论课教师的政治及业务方面的素质和能力。

1952年9月,中共中央就加强高等、中等学校思想政治理论课师资队伍建设发布《关于培养高等、中等学校马克思主义理论师资的指示》提出了比较明确和具体的思想政治理论课师资培养要求。历史证明,这一要求对解决当时高校思想政治理论课师资短缺问题起到了十分重要的作用,是解决当时全国高校思想政治理论课师资短缺问题的有效方法。

1955年,高等教育部进一步拟定了加强高校思想政治理论课师资培训的工作方针计划。

在教育部门的重视和关怀下,到1957年,有关统计表明,全国高等学校思想政治理论课的专职教师总人数已经达到5457人。② 高校思想政治理论课师资队伍的持续扩大和政治业务素质的提高,有利于提高高校思想政治理论课的课堂教学和实践教学效果。

1982年,各高校为了加强思想政治理论课教学,从七七级、七八级毕业

---

① 全国普通高校"两课"教育教学调研工作领导小组组编:《普通高校思想政治教育课程文献选编(1949—2003)》,北京:中国人民大学出版社,2003年,第8页。

② 谈松华主编:《中国高等学校思想政治教育史纲》,北京:高等教育出版社,1992年,第89页。

生中,选留了一批思想素质高、业务能力强的毕业生,充实思想政治理论课教师队伍,并通过举办研究生班、助教进修班等方式,提高他们的业务水平。这批年轻的教师充实到高校思想政治理论课教师队伍后,对高校思想政治理论课教学水平的不断提高产生了积极影响。

随着我国高等教育事业的发展,高校思想政治理论课的课堂教学和社会实践教学中的师资队伍建设问题再次突显。许多青年教师由于忙于教学工作,学历提高程度和教学水平远远跟不上社会发展的需要。为解决这一问题,1999年,教育部与国务院学位委员会采取特别措施,决定由北京大学、清华大学等十几所全国重点高校培养高等学校"两课"硕士。教育部还组织相关专家到开办"两课"硕士班的学校对教学的各个环节进行巡视检查,以保证"两课"硕士班的教学质量。到2005年止,高校共培养"两课"硕士研究生5000多人。这一举措,对提高高校思想政治理论课教师的素质和学历及高校思想政治理论课的教学质量与水平起到了十分重要的作用。

2020年1月,教育部发布《新时代高等学校思想政治理论课教师队伍建设规定》,就加强新时代高等学校思想政治理论课教师队伍建设,对新时代高校思想政治理论课教师的岗位职责、配备与选聘、培养与培训、考核与评价、保障与管理等方面提出了明确的要求。

(三)建立一套教学管理工作体系和制度是搞好高校思政课实践教学的重要保证

建立一套在学校统一领导下,各部门分工合作的教学管理工作体系和制度,是搞好高校思想政治理论课实践教学的重要保证。中华人民共和国成立后,各高校积极建立了共产党、共青团、学生会、教工会等政治、群众组织,形成了一套在党委统一领导下,校长负责,学校行政齐抓共管,分工配合的思想政治理论教学的制度和管理工作体系。

1952年10月,教育部发布《关于在高等学校有重点地试行政治工作制度的指示》,[①]明确了在高校探索设立政治教导处的学校直属机构,注重开展政治思想工作,由此初步形成了高校思想政治教育工作体制,对加强高校思想政治理论课的课堂教学和社会实践起到了重要作用。

---

① 中共中央文献研究室编:《建国以来重要文献选编(第二册)》,北京:中央文献出版社,1992年,第122页。

中华人民共和国成立后,经过几年的努力,各高校注重思想政治理论课教学的组织管理,逐步探索出适合我国高校实际的高校思想政治理论课的组织管理制度和教学工作体系,建立起党委统一领导下,校长负责,政工部门、教学管理部门等部门牵头协调,政治理论课教师和各级党组织、团组织、辅导员协同配合,合力推进思想政治理论课教学的工作管理体制,由此思想政治理论课实践教学在高校得到切实的加强。

思想政治理论课教学在发展中不断遇到新的情况和问题。1987年5月,在总结历史经验的基础上,中共中央发布《中共中央关于改进和加强高等学校思想政治工作的决定》,特别强调了高校党委和校长在高校思想政治理论课教学中的领导责任,使高校思想政治理论课教学管理制度的重点更加突出,这些工作体系和管理制度的进一步完善,对新时期高校思想政治理论课教学的全面开展和加强起到了重要的保证作用。

(四)思政课理论与实践相统一是搞好高校思政课实践教学的重要方法

思想政治理论课理论与实践相统一,紧密联系社会实际、联系学生实际是搞好思想政治理论课实践教学的重要方法。在高校开设思想政治理论课的目的和任务是加强马克思主义理论教育,只有结合党和国家在各个时期的中心任务,紧密联系社会实际和学生实际开展思政课实践教学,才能使思想政治理论课取得好的效果。

中华人民共和国成立初期,我国高等学校开设思想政治理论课。1950年10月,教育部发布《关于全国高等学校暑期政治课教学讨论会情况及下学期政治课应注意事项的通报》。该文件在对高校政治课教学过程中普遍存在的诸多问题进行通报的同时,明确要求政治理论课教学同社会实践紧密结合起来。通过这些社会实践教学活动,广大学生的爱国主义、国际主义思想觉悟空前高涨。

在国民经济调整时期,我国高校的思想政治理论课实践教学紧密联系当时全社会开展的"学习雷锋"活动,取得了比较好的育人效果。1963年2月15日,共青团中央发布有关通知文件,号召全国青少年大力开展"学习雷锋"实践育人活动。1963年3月5日,毛泽东、刘少奇等中央领导同志为雷锋同志亲笔题词,号召全国人民向雷锋同志学习。全国高等学校抓住这一时机,开展了广泛、深入的学习雷锋的实践育人活动。

党的十一届三中全会后,针对一些人对思想政治理论课在高校人才培养中的重要性认识不足,一些学校减少了思想政治理论课的学时,有的学校甚至将思想政治理论课改为选修课,有的教师在教学中不能运用马克思列宁主义、毛泽东思想和中国特色社会主义理论体系的原理来解释社会实际和大学生思想的问题等情况,党和国家要求高校紧密联系社会实际和大学生的思想实际,加强思想政治理论课实践教学。各学校充分利用暑假时间,组织大学生到工厂、农村去接触社会,加深对中国国情和改革、建设实际情况的了解。这些思政课实践育人活动取得了比较好的教育效果,提高了大学生对马克思列宁主义、毛泽东思想和中国特色社会主义理论体系的认识,对于大学生树立正确的世界观、人生观和价值观,起到了明显的积极作用。

实践一再证明,高校的思想政治理论课实践教学只有坚持理论与实践相统一,紧密联系社会实际和大学生的实际,才能焕发出强大的生命力,取得比较好的育人效果。

二、高校思想政治理论课实践教学取得的主要成效

伴随着思政课教学改革创新的大力推进,我国高校思想政治理论课实践教学的地位持续提升,认识持续深化,内容与形式持续创新,课程设置持续完善,思政课实践教学取得了一定的成效。

(一)高校思政课实践教学的地位越来越凸显

国家、社会和各高校不断深化对思政课实践教学重要性的认识,并不断地加大政策和资金的支持力度,越来越重视思政课实践教学,越来越凸显思政课实践教学的作用和地位。第一,党中央、国务院、中共中央宣传部、教育部等高度重视高校思想政治理论课实践教学,出台实施相关政策文件,把搞好高校思想政治理论课实践教学作为推进思想政治理论课改革创新的重要抓手,这为全国高校实施思想政治理论课实践教学提供了坚实的政策保障。2005年2月,中共中央宣传部、教育部提出,各高校要探索实践育人的长效机制。[①] 2012年1月,教育部等七部委联合发文,对加强高校实践育人工作

---

① 《中共中央宣传部 教育部关于进一步加强和改进高等学校思想政治理论课的意见(教社政〔2005〕5号)》[EB/OL]. http://www.moe.gov.cn/s78/A13/sks_left/s6387/moe_772/tnull_9310.html

提出了具体要求。① 2016年12月,习近平总书记指出,思想政治理论课要坚持在改进中加强。② 2017年2月,中共中央、国务院提出,要强化社会实践育人,提高实践育人比重。③ 2019年3月,习近平总书记强调,坚持思政课的理论性与实践性相统一,把思想政治的小课堂与社会的大课堂相结合。2019年8月,中共中央办公厅、国务院办公厅发文强调,推动思想政治理论课实践教学与大学生社会实践活动、志愿服务活动结合,完善思想政治理论课实践教学机制。④ 2020年12月,中共中央宣传部与教育部联合发文强调,各高校要规范实践教学,切实提高实践教学实效。⑤ 第二,地方党委政府、社会企业、事业单位等组织也逐渐认识到思想政治教育对于地方党委政府、社会企业、事业单位自身发展的重要作用以及地方党委政府、社会企业、事业单位自身所担负的社会责任,进而积极地寻求与高校马克思主义学院(思政部)的合作,建立校地合作、校企合作的思政课实践教学基地,为其顺利地开展思政课实践教学活动提供一定的资金、场地等资源平台支持。第三,高校把思政课实践教学纳入课程体系,提供相应的思政课课时保障和专项经费保障,不断地完善思政课实践教学内容、形式和机制,推动思政课实践教学规范化、系统化。因此,国家、社会和高校不断提升对思政课实践教学的重视程度,持续加大对思政课实践教学的支持力度,不断增加思政课实践教学的物质保障,思政课实践教学的作用和地位得到了凸显,有助于提升思政课教学的实效性。

(二)高校思政课实践教学的课程设置不断完善

随着改革开放40多年的发展,高校思想政治理论课实践教学的课程设置持续、规范、有序推进。就国家出台实施的相关政策而言,近年来国家逐

---

① 《教育部等部门关于进一步加强高校实践育人工作的若干意见(教思政〔2012〕1号)》[EB/OL]. http://www.moe.gov.cn/srcsite/A12/moe_1407/s6870/201201/t20120110_142870.html
② 《习近平在全国高校思想政治工作会议上强调:把思想政治工作贯穿教育教学全过程开创我国高等教育事业发展新局面》,载《人民日报》,2016年12月9日第1版。
③ 《中共中央、国务院印发〈关于加强和改进新形势下高校思想政治工作的意见〉》[EB/OL]. http://www.gov.cn/xinwen/2017-02/27/content_5182502.html
④ 《中共中央办公厅 国务院办公厅印发〈关于深化新时代学校思想政治理论课改革创新的若干意见〉》[EB/OL]. http://www.gov.cn/zhengce/2019-08/14/content_5421252.html
⑤ 《中共中央宣传部 教育部关于印发〈新时代学校思想政治理论课改革创新实施方案〉的通知》[EB/OL]. http://www.moe.gov.cn/srcsite/A26/jcj_kcjcgh/202012/t20201231_508361.html

步调整优化思政课实践教学相关政策,将高校思政课实践教学提升到课程层面,不断完善、规范思政课实践教学管理机制。加强思政课实践教学课程化建设,保障思政课实践教学的学时、学分得到落实,确保思政课实践教学的质量。[①] 从高校角度出发,各高校高度重视实践教学,大力推进思政课实践教学体系建设。目前,很多高校实施思政课实践教学课程化,将思政课实践教学课程纳入人才培养方案,列入学校整体教学计划,制定相应的具体制度及其实施细则,落实课程要素,以课程形态开展教学。[②] 根据调查,88.04%的教师(其中高职院校教师86.26%,本科院校教师91.49%)认为其所在高校已经把思政课实践教学课时写进了人才培养方案,65.94%的教师(其中高职院校教师62.09%,本科院校教师73.4%)认为"其所在高校制定了思政课实践教学大纲"。部分高校将思政课实践教学作为独立的课程来建设,设置单独的课程管理部门。部分学校为思政课师资队伍建设、思政课实践教学专项经费等方面提供充分的保障。

(三)高校思政课实践教学的效果越来越明显

思政课理论知识的传授既可以通过课堂理论教学的渠道,又可以通过实践的形式。高校在对思政课实践教学进行不断的探索的过程中,促进思政课教学效果越来越显著,越来越为大学生所接受。以马鞍山师范高等专科学校为例,该校实现了思政课实践教学全覆盖,大学生学习兴趣和获得感得到提升。多年来,该校校内外思政课实践教学活动都要求学生全员参与,并将思政课实践教学纳入课程考核。2019年3月该校对全校一、二年级大学生思想政治工作状况进行较全面的问卷调查,结果表明该校思政课实践教学受到大学生的普遍欢迎和好评。该校思想政治理论课实践教学调查显示,有90.4%的大学生认同学校思想政治理论课实践教学环节,有77.1%的大学生认为思政课实践教学和理论教学同等重要。大学生对思想政治理论课实践教学的现实需求,为该校改革思想政治理论课教学提供了依据,使得该校采取新的举措以进一步提高大学生对思政课教学的满意度。因此,实

---

① 张慎霞、穆文潇:《思想政治理论课实践教学课程化研究》,载《学校党建与思想教育》,2019年第11期,第64~67页。
② 杨晓慧:《课程化:高职院校思政课实践教学优化策略》,载《中国职业技术教育》,2019年第14期,第23~27,43页。

践育人推动着高校思政课教学实效性和师生对思政课的获得感持续提升。

(四)思政课实践教学的广度和深度得到了拓展

中国高校课程的改革经历了比较漫长的时期。思政课课程内容相对比较晦涩难懂,理论知识占主要部分,这在一定程度上降低了大学生学习的兴趣及持久性,且在传统的高校思想政治理论课课堂上,主要采用"教师讲、学生听"的"满堂灌"教学模式。在这种传统思政课教学模式下,大学生的注意力集中时间比较有限,且很难对课程内容产生兴趣。随着课程改革的发展,高校思政课教师不断地进行改革创新,探索改变传统的教学模式,开创出符合时代特征及大学生需要的新的教学模式,以期既能够传授课程内容,也能够促进大学生视野的拓展和实践能力的提升。当今的思想政治理论课课堂,充分挖掘了思政课的潜在特征,并结合了当代社会对大学生所提出的新的要求,在借助于新兴技术手段的基础上,针对实践教学,提出了四种思政课实践教学模式,分别是课堂实践教学模式、校内实践教学模式、社会实践教学模式、虚拟(网络)实践教学模式。其中,课堂实践教学模式主要是指在课堂上通过加强大学生的参与作用,发挥大学生的积极能动性,采用专题讨论、案例讨论等实践方式,调动课堂氛围,提高大学生的学习兴趣;校内实践教学模式指的是充分利用学校的各种资源,例如社团活动、竞技比赛等,提高大学生的参与度;社会实践教学模式主要是指拓展实践领域,让大学生参与到社区、社会志愿等活动中,让大学生充分感受到民情以及社会事件,加深对中国特色社会主义理论体系的深刻理解;虚拟实践教学模式是时代发展的产物,是指充分利用信息技术和互联网技术,开设网上课程、开展网络学习等,可以拓展大学生的视野,帮助大学生更加深入地了解理论知识。实践证明,思政课实践教学是传统课堂教学的拓展,形式灵活多样的实践教学活动极大地开阔了思政课教育教学的空间和场景,有利于大学生把课堂理论知识内化为自身政治素质,有利于提升大学生的政治素质和政治责任担当能力。

第四章

高职院校思想政治理论课实践教学的生成过程和内在机理

探究高职院校思政课实践教学生成过程的内涵、特点、要素和环节,可以为研究高职院校思政课实践教学内在机理、探讨高职院校思政课实践教学功能的实现奠定坚实的基础,同时还有利于准确地发现目前高职院校思政课实践教学存在的不足,完善高职院校思政课实践教学的实施路径。在分析高职院校思政课实践教学生成过程的内涵、特点、要素和环节的基础上,对高校思政课实践教学的内在机理进行探讨。

第一节 高职院校思想政治理论课实践教学的生成过程

只有在思想政治理论课实践教学实施过程中,才能发挥高校思想政治理论课实践教学的育人作用。因此,对高校思想政治理论课实践教学机理进行分析,应基于对思想政治理论课实践教学过程的正确认识。

一、高职院校思政课实践教学过程的界定

探讨高职院校思政课实践教学生成过程的内涵、特点和要素,是分析高职院校思政课实践教学生成过程的环节的前提。高职院校思政课实践教学是对大学生进行思想政治教育的重要途径。因此,以思想政治教育过程理论为基础开展高职院校思政课实践教学的生成过程相关研究,进一步凸显思想政治教育学科的研究特色。

(一) 高职院校思政课实践教学过程的内涵

高职院校思想政治理论课主要关涉价值观的教育和思想政治理论的传播。而目前的高职院校思想政治理论课教学过程更多地侧重于在思政课课堂上对大学生进行价值观教育、传授理论知识,实际上思想政治理论课教学过程并未完成。价值观教育只是作为高校思想政治理论课教学过程的一个组成部分,而高职院校思想政治理论课教学的关键之处在于思政课教师(即教育者)在思想政治理论课教学过程中能否使大学生(即受教育者)体验到教育者所传授的价值观的基本知识和理论。高职院校思想政治理论课教学过程实际上不只是教育者向受教育者"传授理论知识"的过程,也是受教育者实践思想、体验价值观的过程。在相当大的程度上,高职院校思想政治理论课教学过程不是解决让受教育者认识价值观的基本知识和理论问题,而是让受教育者能够在教学过程中对价值观进行理解、体验和认同。因此,在高职院校思想政治理论课教学过程中,教育者尽可能开发中介性及实践性资源,从而使受教育者体验到真实而丰富的价值观,这一点显得尤为重要。①

高职院校思想政治理论课实践教学的目标是在实践中立德树人,使受教育者形成并发展思想政治品德,培养社会主义建设者和接班人。这种目标的完成建立在教育者和受教育者协作参与、双向互动的基础之上。道德教育的过程可以理解为道德情感、道德态度和道德行为的养成过程,②而道德教育是高校思想政治理论课教学的重要内容,实践是体验养成的方式。这样,高职院校思想政治理论课实践教学的过程也可以理解为价值观体验养成的过程。因此,高职院校思想政治理论课实践教学过程是指,在教育者(在高职院校,主要是指思政课教师)和受教育者(特指高职院校大学生)共同参与、双向互动的思想政治理论课实践教学活动中,高职院校思政课教师根据一定社会的思想政治品德要求和大学生思想政治品德形成发展的规律,对大学生施加有目的、有计划和有组织的教育影响,促使大学生产生内在的思想矛盾运动,以形成一定社会所期望的思想政治品德、适应社会发展

---

① 金林南:《思想政治教育学科范式的哲学沉思》,南京:江苏人民出版社,2013年,第266页。

② 金林南:《道德生成与教育道德——道德教育内在机制探析》,载《思想理论教育》,2007年第5期,第14~20页。

要求的思想政治素质的过程。①

因此,高职院校思想政治理论课实践教学是培养和提升大学生实践能力的教育教学活动过程。在思想政治理论课教学过程中,要坚持思政课的理论性与实践性相统一,把思政小课堂与社会大课堂进行有机结合。如果缺少或者仅仅重视思想政治理论课理论教学、实践教学中的某一个环节,从整体意义上说,思想政治理论课教学过程是不完整的。与高职院校其他课程相比,思想政治理论课传授的是如何做人的道理,确立善良的品德、正确的观念,而不仅仅是传授理论知识和提升某种技术与能力,必须经历从认知、认同、内化到外化的过程,并保持知、情、意、行等方面的相统一。②

(二)高职院校思政课实践教学过程的特点

高职院校思想政治理论课实践教学将丰富的感性体验与理论思维相结合,注重大学生自主学习、主动参与和亲身体验,能提升高职院校思政课教学的实效性和大学生的获得感。因此,高职院校思想政治理论课实践教学过程具有开放性、自主性、体验性和反思性等基本特点。

(1)开放性。当今社会是一个开放的社会,而实践教学本身就是以整个社会为对象的。高职院校思想政治理论课实践教学因其以社会为对象而呈现出开放性的特点,具体体现在高职院校思想政治理论课实践教学内容的开放性、实践教学时空的开放性和实践教学过程中教师与学生关系的开放性等方面。其一,实践教学内容的开放性。思政课实践教学的内容要与时俱进、因时而新。其二,实践教学时空的开放性。思政课实践教学不完全受时空的限制,可以根据育人的需要选择合适的教学场景。其三,实践教学过程中教师与学生关系的开放性。在高职院校思想政治理论课实践教学过程中,思政课教师与大学生共同参与、交流互动,形成民主平等、互相尊重的师生关系。

(2)自主性。高职院校思想政治理论课实践教学的自主性强调实践主体认识马克思主义理论的观点和方法的正确性、全面性和深刻性,主动地获

---

① 张耀灿、郑永廷、吴潜涛、骆郁廷等:《现代思想政治教育学》,北京:人民出版社,2006年版,第324页。
② 张卫良、李金娥:《思想的实践——高校思政课实践教学的主体性建构》,载《大学教育科学》,2011年第6期,第35~39页。

取马克思主义理论的当代意义和价值、深入地学习把握马克思主义理论的内在关系及其规律。在高职院校思想政治理论课实践教学过程中要注重发挥大学生的主体性、主观能动性,让大学生的主体地位得以体现。

(3)体验性。高职院校思想政治理论课实践教学是一种寓教于行、强化实践性的教学方法,以实践为主的教学方式,注重大学生的自主参与、亲身体验。高职院校思想政治理论课实践教学通过引导大学生参加思政课实践活动,感知、体验客观世界和精神世界,得到丰富而真实的感性经验和价值观体验。在高职院校思想政治理论课实践教学体验过程中,大学生借助于各种体验方式,提升对高职院校思政课时空环境的理解力和判断力。高职院校思想政治理论课实践教学侧重于强调大学生对思政课实践情境的深度把握、对思政课实践过程的有效参与和对思政课实践方法的理性体验。因此,高职院校思政课实践教学要注重发挥思政课实践教学的过程价值,关注实践育人的过程,同时考虑到实践育人的结果。[1]

(4)反思性。高职院校思想政治理论课实践教学注重引导大学生在思政课实践体验的基础上对自我进行理性反思,进而将实践体验上升为实践感悟。大学生思政课实践反思是将在思政课实践过程中获得的实践经验和成果上升到感悟的重要途径。只有通过对在思政课实践教学过程中获得的学习实践成果进行理性反思,思政课实践成果才能得以系统化和理性化。

(三)高职院校思政课实践教学过程的要素

作为思想政治教育大系统中一个十分重要的子系统,对思政课实践教学过程的研究离不开对其构成要素的研究。高职院校思政课实践教学过程要素就是构成思政课实践教学过程的系统内部组成因素。高职院校思政课实践教学是教育者和大学生共同参与、双向互动的实践活动。高职院校思政课实践教学过程的基本要素主要包括教育主体、接受主体、接受客体、教育中介。在高职院校思政课实践教学过程中,教育主体、接受主体、接受客体、教育中介等要素相辅相成,构成有机的统一整体。

(1)思政课实践教学的教育主体。思想政治理论课实践教学过程中的教育主体即教育者,其在思想政治理论课实践教学的过程中起到主导的作

---

[1] 郭元祥:《实践教育观与实践育人》,载《中国教育科学》,2014年第2期,第193~209,192,236页。

用。在思想政治理论课实践教学过程中教育者既包括思想政治理论课教师、学校马克思主义学院(思想政治理论课教学科研部门)等各级组织,也包括思想政治理论课社会实践当地的单位及其组织,他们是思政课实践教学过程中的思政课实践育人主体的核心部分,承担更加重要的职责和任务,并且发挥主导作用。在思想政治理论课实践教学过程中,教育主体对整个接受活动进行调控与引导,在很大程度上决定着思想政治理论课实践教学过程的方向和效果。教育主体是"国家和社会价值的代表",在思想政治理论课实践教学过程中扮演着思政课实践活动的组织者和调控者角色,承担着相应的职责和任务。他们理解并掌握着国家和社会的教育目标要求,并按照这样的教育目标要求精心组织思想政治理论课实践教学过程,坚持立德树人,注重对受教育者的价值引领。

(2)思政课实践教学的接受主体。在思想政治理论课实践教学过程中,接受主体就是受教育者。凡接受有目的的思想政治教育影响的个人和团体都是受教育者。[①] 受教育者作为教育对象是思想政治理论课实践教学过程的客体,同时,受教育者作为思想政治理论课实践教学过程的参与者和自身思想政治品德的建构者,又是思想政治理论课实践育人过程的主体。在高校思想政治理论课实践过程中,作为受教育者的大学生充分发挥其在思想政治理论课实践过程中的主体性,并通过与教育者的交流互动,有效地发挥自身的主动性、能动性和创造性,自觉接受马克思主义理论和价值观教育,进行思想政治道德的自主建构,从而促进自身思想政治品德的养成。由于思想政治理论课实践教学过程是接受主体基于自身状况而对思想政治理论内容进行的反应和择取、内化和践行,因此接受主体就成为思想政治理论课实践教学过程中最关键的要素。这样,接受主体和其他思政课实践教学要素的关系也便成为最重要的关系,直接决定着思想政治理论课实践教学的整体效果。

(3)思政课实践教学的接受客体。思想政治理论课实践教学的接受客体即主体要接受的思想政治理论。国家通过思想政治理论课教育主体,借助于一定的方式、手段和载体,对思想政治理论接受主体传递理想信仰、理论知识、思想观念和道德规范。思想政治理论课实践教学接受客体是接受

---

① 骆郁廷主编:《思想政治教育原理与方法》,北京:高等教育出版社,2010年,第108页。

过程中信息的来源,是实践教学接受过程的重要因素,体现了国家和社会对接受者的要求和期望。接受客体是一个丰富而开放的体系,是一个不断从抽象到具体的发展变化过程,如果把思想政治理论课实践教学接受内容变为僵化的东西,就会削弱思想政治理论课的生命力,进而削弱思想政治理论接受的效果。从宏观层面上而言,思想政治理论课实践教学接受客体主要包括思想、政治和道德三个方面的知识。在思想政治理论课实践教学接受内容体现中,各部分内容所传递的信息侧重点不尽相同,因此它们所具有的地位和作用也不相同。其中,思想层面的接受内容是实现思想政治理论有效接受的先导,这一层面的主要内容是世界观和方法论,旨在引导接受主体正确地认识客观实践,保障思想政治理论接受目标的达成。政治层面的接受内容在整个接受内容体系中居于核心和主导地位,决定着整个接受内容体系的性质和方向,这一层面的内容主要侧重于对接受者传导政治理想、政治信念、政治方向和政治观点以及政治情感等方面的内容,着重解决接受者对国家、阶级和社会制度等重点政治问题的立场和态度问题。道德层面的接受内容是思想政治理论接受内容的重点,这一层面的内容主要侧重于对接受者行为进行规范的引导,使其内化道德规范,形成道德观念,发展道德判断,培养道德感情,养成道德行为,提高道德素质。

(4)思政课实践教学的教育中介。中介一般是指同一事物的内部或不同事物的各种要素相互联系、相互转化必不可少的重要因素。思想政治理论课实践教学的过程是由多种不同的思想政治理论课实践教学要素一起参与、动态协作的过程。若使思想政治理论课实践教学各种要素之间共同协作运行,必须通过思政课实践教学的教育中介。教育主体对接受主体的引导作用也需要通过语言、行为等中介方式去实现。一般来说,思想政治理论课内容可通过概念式中介、载体式中介、活动式中介和方法式中介等方面不同的教育中介为受教育者所接受。

二、高职院校思想政治理论课实践教学过程的环节

在高职院校思想政治理论课实践教学过程中,如果说知识教育是让受教育者"理论内化",那么情感升华就是"价值观体验",日常践履则是"实践外化"。于是,高职院校思想政治理论课实践教学环节就成为理论内化—价值观体验—实践外化"三位一体"的结构生态,呈现出从理论内化至价值观

体验再到实践外化、由实践外化至价值观体验再到理论内化循环往复、螺旋式提升的发展过程。高职院校思想政治理论课实践教学的理论内化、价值观体验、实践外化三个环节既相互独立、各有侧重,又相互统一、相辅相成,从理论内化到价值观体验再到实践外化是大学生成长成才的必由之路,也是高职院校思想政治理论课实践教学发挥其独特作用的基本环节。

(一)知识教育:理论内化是前提

理论内化是指通过教育将一定社会的思想政治道德转化为个人思想政治道德,并形成某种稳定的观念和信念的过程。高职院校思想政治理论课教学不同于一般的知识教育,其要旨在于不仅仅是进行知识教育,还要在理论武装的基础上,注重价值引领,着力引导大学生树立正确的"三观",即世界观、人生观、价值观。大学生思想政治理论素质的提升需要理论内化,理论内化阶段主要解决学生的认知问题,通过思想政治教育提高学生的理论水平。[①] 一定知识的储备是高职院校思想政治理论课实践教学的前提条件。在高职院校思想政治理论课教学中,应当通过思想政治道德知识的传达使大学生获得进行思想政治道德判断和选择的理论知识基础,培养进行思想政治道德推理的理性思维方式及能力,是思想政治道德生成的基础性条件。[②] 也就是说,通过高职院校思想政治理论课理论知识的教育,大学生获得思想政治道德的认知能力和思想政治道德的思维素养。在高职院校思想政治理论课实践教学过程中,如果受教育者没有任何知识准备就去开展实践活动,无异于一次没有目标的旅行。

(二)情感升华:价值观体验是关键

价值观体验是高职院校思想政治理论课实践教学过程中非常重要的一个环节,也是最容易被忽视或者说最难以达到的一个环节。高职院校思想政治理论课的知识教育所进行的理论内化,培养大学生的思想政治道德的认知能力仅仅是达成思想政治理论课教学目标的前提。从根本意义上来

---

① 李海娟:《新时代高校实践育人路径探析》,载《思想理论教育》,2021年第8期,第108~111页。
② 金林南:《道德生成与教育道德——道德教育内在机制探析》,载《思想理论教育》,2007年第5期,第14~20页。

说,由知之到信之的态度或情感的养成是道德教育的最终目的。① 要把高职院校思想政治理论课的理论知识内化为大学生的思想政治道德自觉,培养大学生较高的思想政治素质和高尚的道德品质。也就是说,只有由"知之"到"信之"的态度或情感的养成,才能达成高职院校思想政治理论课培养"时代新人"和"建设者""接班人"目标。"课程实践"最重要的是"价值观心理体验",这种实践体验是内化的"最为重要的环节"。② 换言之,作为价值观教育环节的高职院校思想政治理论课实践教学最重要的作用是让大学生从心里体验到生动而丰富的价值观,这样的实践体验是他们认识某种价值观并把它内化到自身、产生认同的一个重要的环节。通过思想政治理论课实践体验环节,善于发现和提取大学生身上的情感因素,要让大学生从感性认知逐步上升到理性认知,从而达到思想政治品德培育的目的。要以高职院校思想政治理论课实践教学活动为契机,深入挖掘蕴含于其中的情感元素,可以通过主题讨论会、辩论赛以及其他教育形式来实现,最大限度地让大学生产生情感共鸣。

(三)日常践履:实践外化是保证

实践外化一般是指通过实践活动,将内化的理论及已形成的个人思想政治道德用来指导生产生活,并转化为其具体行为的实践活动过程。高职院校思想政治理论课实践教学的实践外化阶段主要解决大学生思想认识与行为实践的矛盾问题,促进大学生将在思想政治理论课上获得的理论知识、道德意识等转化为良好的行为习惯,引导大学生在思想政治理论课实践过程中完成知行的转化。作为落实立德树人根本任务的关键课程的高职院校思想政治理论课,主要目的在于通过实践教学活动,从内化理论于心到外化实践于行,并做到固化日常的"德行"于性,塑造大学生的"思想政治道德自我",培育大学生成为具有渊博知识、良好品德的时代精神的践行者。

---

① 金林南:《道德生成与教育道德——道德教育内在机制探析》,载《思想理论教育》,2007年第5期,第14~20页。
② 金林南:《思想政治教育学科范式的哲学沉思》,南京:江苏人民出版社,2013年,第305页。

第二节　高职院校思想政治理论课实践教学的内在机理

高职院校思想政治理论课实践教学旨在于思政课实践教学活动中培养大学生的思想政治道德和综合能力，进而促进大学生德智体美劳的全面发展。高职院校思想政治理论课实践教学的内在机理是指，在高职院校思想政治理论课实践教学过程中大学生按照社会要求形成和发展自身思想政治道德的活动原理。大学生思想政治道德素质的养成与高职院校思想政治理论课实践教学的内在机理具有一致性。在高校思想政治理论课实践育人的过程中，大学生的思想政治道德和综合能力的形成是大学生经过理论内化、价值观体验和实践外化等环节，其内在的"知""情""意""信""行"等各种要素均衡协调、循环往复的深化发展过程。因此，高职院校思想政治理论课实践教学的内在机理可以理解为大学生在思想政治理论课实践教学活动中进行思政课实践体验、实践领悟、实践锤炼以至实践升华的过程。

一、思政课实践体验：形成感知、发展情感

思政课实践体验是大学生思想政治道德素质形成和发展的关键环节。大学生思想政治道德素质的形成与理论内化密切相关，而在理论内化过程中，实践体验发挥相当重要的作用，是理论内化发生的基础条件。体验是由感受、情感、理解、联想、领悟等多种心理成分组成的作为主体的人的一种复杂的心理活动。① 主体的人在"实践"中亲自经历，接着通过"感受"事物而产生"情感"，继而由"情感"推进"理解""联想"并生成"领悟"。作为一种体验和养成方式的"实践"，能够促进大学生主动地融入和积极地体验，进而增进其主动地接受理论教育、提升自身思想政治道德修养的主动性及自觉性。② 因此，大学生思想政治道德素质的养成是以"思政课实践体验"作为起点的。

由于思政课实践体验的形成是以对事物的感受为起点的，因此，大学生在思想政治理论课实践中的亲身经历对于实践体验非常关键。大学生在思

---

① 陈佑清：《体验及其生成》，载《教育研究与实验》，2002年第2期，第11~16页。
② 戴锐：《德育语境中社会实践的理论内涵与实施原则》，载《思想·理论·教育》，2006年第5期，第36~39,59页。

想政治理论课实践中感知并参与活动是得到切身感受及生活、学习经历的重要途径。在高校思想政治理论课实践教学过程中,思想政治理论课教师将课程中思想政治道德的相关理论知识传授给大学生,通过有意识和有计划的思政课实践活动,引导大学生参加高职院校思想政治理论课的实践体验,其旨在让大学生将其实践行为的体验过程、体验内容和体验意义等自然地融入自身的思想政治道德。结合高职院校思想政治理论课课程内容,针对大学生成长中遇到的思想困惑、生活难题等方面的问题,特别是涉及世界观、人生观、价值观等问题,根据心理学中人的情感及认知活动相互联系、相互促进的作用机理,搭建适当的现实情境体验的思政课实践平台。通过体验式思政课实践活动,大学生领悟并获取思政课实践情境中所潜藏的理论知识和科学原理,产生一种心灵上的切身体验,以达成思想上的自觉、醒悟,从而达到理论与实践统一、知行合一、身体力行的课程目的。道德教育的实现有赖于教育让受教育者在教育过程中体验道德。[①] 也就是说,在高职院校思想政治理论课教学过程中,让大学生获得丰富而真实的价值观体验非常重要。例如,对于高职院校思想政治理论课教学有关大学生树立正确的世界观、人生观、价值观的课程目标,可以设计"如何在青春奉献中体会当代大学生的人生价值"的课程问题,安排大学生到养老院、儿童福利院等社区公益服务机构进行情境体验,让大学生获得真实情感的体验,感受行为角色,体验服务他人、奉献社会的快乐和价值,从而在真实的思想政治道德教育情境中养成良好的道德品行。因此,实践体验是形成和发展大学生思想政治道德的基础。大学生主动地在思想政治理论课实践活动的真实情境中感受并体验思想政治道德的具体社会生活现象,引发情感的产生,加深理解,从而获得感悟。同时,大学生参与思政课教师组织安排的思想政治理论课实践活动,并从实践活动中体验到比较深刻的价值观教育,提升个人的思想政治道德素养,进而树立正确的世界观、人生观和价值观。

二、思政课实践领悟:深化形成理性认知

思政课实践领悟是大学生在思政课实践活动中亲身感受高职院校思想政治理论课教学内容,在体验自身的认知与情感的基础上,逐步形成自己思

[①] 金林南:《道德生成与教育道德——道德教育内在机制探析》,载《思想理论教育》,2007年第5期,第14~20页。

想政治道德的理性认识的过程。在高职院校思想政治理论课教学过程中，仅仅通过思政课实践体验是实现不了大学生思想政治道德知识的理论内化目标的。思政课实践体验有利于大学生认识思想政治道德知识，使其触发"情感"，实现内在的"知""情"相契合，推进"理解"与"联想"，在"理解"和"联想"的过程中产生"领悟"。在思想政治理论课实践中大学生"领悟"思政课教师教授的知识内容和实践体验的实际内涵，把感知到的"感性认识"提升为"理性领悟"，从而进一步推动思想政治道德的形成与持续发展。

在思想政治理论课实践体验中，大学生借助于感知、参与、体验实践得到对其思想政治道德的"感性认识"，这种"感性认识"是直接的而非间接的、是具象的而非模糊的。如果要把这种具象的、直接的"感性认识"升华为大学生对其思想政治道德知识的"理性认识"，那么则应在思政课实践的基础之上由"领悟"来达成。作为实践主体的大学生，在现实生活实践中可能遇到"道德"或"不道德"的人或事，感知社会主流对道德的肯定抑或是否定的评判及态度，通过正反对照和实践领悟，建构自身的道德认知模式。不过这种新的道德认知模式有可能与大学生原先的道德认知模式不尽相同，可能有所进步，可能发生一定的冲突，于是便呈现出彼此相互矫正的调整状态。最终大学生形成了对于思想政治道德的理性认识，而这对于大学生的思想政治道德信念和良好的思想政治道德行为是至关重要的。

高职院校思想政治理论课要在使大学生对其所讲授内容"认知"的基础上，进行实践"领悟"，充分利用思政课实践育人环节深化对课堂理论教学内容的理解。大学生在实践中对思政课理论教学内容进行领悟，现场触及能够反映思政课课堂教学内容的人、事、物等具体的形态，实时感知思政课理论教学内容在客观现实生活中呈现出的真实"图景"，从而从内心深处产生一种与之相互呼应的思想情感。比如，结合"思想道德修养与法律基础"课程培养忠诚爱国者的教学目标，可以考虑设计思政课实践育人方案，选择合适的历史感悟平台，适时组织安排大学生就近参观当地的爱国主义教育基地，感受和领悟革命先辈的爱国主义精神和高尚的革命道德情操，从而培养大学生的爱国主义情感，并增强大学生的历史使命感和社会责任意识。

三、思政课实践锤炼：强化意志和信念

思政课实践体验、思政课实践领悟促成了大学生对思想政治道德的感

性认识、理性认识,达成了大学生对社会思想政治道德的"认同"。不过如果把社会思想政治道德转化成自身思想政治道德结构中指导"情感"和"行为"的"信念",①则应经过思政课实践锤炼。也就是说,在思政课实践锤炼的过程中达成大学生思想政治道德内化的"意""信""行"。

意志是个体在实现理想、履行道德义务的实践过程中,自觉地克服困难和障碍的毅力,它是形成和调节个体思想品德行为的精神力量和重要杠杆。② 在思政课实践育人过程中,大学生在深刻的认识、深厚的情感和顽强的意志三者统一的基础上形成思想政治道德的"信念",也就是大学生在内心深处真心信仰某种思想道德的原则和规范。③ 所以,"信念"是联结"认识"与"行为"的关键环节。思想政治理论课实践锤炼注重落实在"行"上,大学生在"知""情""意""信"的协调作用下,在思政课实践活动中持续锤炼业已认同的思想政治道德信念,能够使思想政治道德信念得到强化,并逐渐转变成思想政治道德行为及习惯。大学生在行为习惯养成以后,能够以此为基础逆向推进"知""情""意""信"的发展和前进。在高校思想政治理论课教学过程中,思政课教师可以精心设计课程实践方案,如"在抗击新冠肺炎疫情这场没有硝烟的战场上,众多青年大学生经受住了实践的锻炼、人生的'大考',在进与退、生与死的现实考验中锤炼了意志品质"为案例素材,循序渐进地利用品读经典原理、优秀模范人物榜样展示引领、实践锤炼、意志品质培养等方法强化思政课实践教学效果,促使大学生在实践活动中进一步锤炼坚强的意志品质、增进理论认同和坚定理想信仰。由此可以看出,在思政课实践活动中锤炼大学生的意志品质、砥砺人生,养成良好健康的行为习惯是高职院校思想政治理论课教学和大学生思想政治道德培养的落脚点。

四、思政课实践升华:养成良好行为习惯

通过高职院校思想政治理论课实践教学,大学生内在的"知""情""意""信""行"诸要素不断获得发展,逐渐形成良好的思想政治道德行为。

---

① 鲁洁、王逢贤:《德育新论》,南京:江苏教育出版社,2010年,第286页。
② 陈万柏、张耀灿主编:《思想政治教育学原理》,武汉:华中师范大学出版社,2009年,第104页。
③ 陈万柏、张耀灿主编:《思想政治教育学原理》,武汉:华中师范大学出版社,2009年,第104页。

在高职院校思想政治理论课实践教学过程中,思政课实践升华主要体现在四个方面。

一是把"感性认识"上升为"理性认识"。"感性认识"是大学生在思政课实践育人过程中得到的对于事物的现象的初步的认知,而"理性认识"则是大学生通过抽象的思维得到的对于事物的本质的进一步的认知与领悟。"感性认识"与"理性认识"分别负责解决认识事物的现象与本质的问题,不过"理性认识"是认识的最终目的。也就是说,它强调认识事物的本质与事物的发展规律。所以,大学生在思政课实践教学活动的参与、体验和领悟过程中积极主动地利用抽象思维把"感性认识"提升到"理性认识",并最终用理性认识指导实践。

二是将"自发性思维"转化为"自觉性思维"。"自发性思维"是没有意识的思维运行活动,由于其不会清楚地认识到自身的思维运行活动以及发展过程,故就不会准确地认识并纠正其本身存在的不足。"自觉性思维"因为会对其本身作出反馈与评议,故其会了解自身存在的不足并予以纠正。大学生在思政课实践教学活动中积极主动地作出相应的反馈、评议和纠正,把原先的"自发性思维"转化为"自觉性思维",从而提升理论思维活动及运行的能力。

三是从消极被动地"学会"转变成积极主动地"会学"。大学生参加思政课教师设计好的思政课实践育人活动,在实践情境中认识和感受并引发"情感",促使自身从消极被动地参与体验实践活动转变为积极主动地学习,并以此作出"理解"与"联想",从而生成"意义"。由此可以看出,大学生由消极被动地"学会"转变成积极主动地"会学",由"要我学"转变成"我要学",彰显了大学生学习主动性、创造性的增强。

四是由达成"小我"升华为"大我"。在现实生活中,大学生的自我追求一般可以划为两个层次。一方面是对"小我"的追求,即大学生思想政治道德方面的素质、身与心方面的素质和各方面综合素质及能力的培养;另一方面则是对"大我"的追求。也就是说,把大学生在高职院校思想政治理论课实践教学活动中的对课程内容的认知和感受升华成其坚定的理想信念,不但要达成大学生自身的人生价值实现的目标,而且要强化服务于国家与人民的能力和水平,在"小我"融入"大我"的过程中促进自身的成长和提升,从而达成由"小我"转化并升华为"大我"。在高职院校思想政治理论课实践教学的过程中,思政课教师应促使大学生对思政课的教学内容加以升华,通过实践体验、实践领悟、实践锤炼,在深化大学生对思政课教学内容认知的基础上厘清个人与国家、社会之间的关系,实现"小我"与"大我"的一体贯通,循序渐进地把思政课教学要求转变成大学生自觉追求人生理想和人生价值的内在诉求,从而引导大学生在"小我"融入"大我"的过程中彰显出人生的使命价值,提升人生的精神境界。

马克思认为,社会意识是社会存在的能动的反映。外在环境的影响是人的思想政治道德的形成和发展的重要部分。通过思政课实践教学,各种外在环境因素及其相互作用对大学生的思想政治道德产生影响,他们在进行主体活动和人际交往等实践时将各种外部因素中的科学理论、道德规范、价值观点、思想观念等逐步渗透到其意识与行为中,提升思想政治道德素养和综合能力。这一过程即是在实践中逐步体验道德现象、价值观点、政治理论等。在认识思想政治道德的同时,对人的行为具有调节作用的情感随之产生并逐渐发展。大学生在思政课实践育人过程中,选择性地接受外部环境中的多种影响与刺激,进而逐步形成一定的思想政治道德和提高自身的综合能力,并通过思政课实践育人活动反过来对环境产生一定的影响。这一过程中大学生在实践感知的基础上进行思考、选择,逐步形成自身的思想观念,并在实践中外化为相应的思想政治道德行为,即在思政课实践教学过程中领悟和锤炼。概言之,社会外部的环境因素通过人们的社会实践活动影响制约着大学生,也在一定意义上决定大学生的思想政治道德;而大学生在一定思想政治道德的指导下,通过思政课实践教学对社会外部环境产生反作用,在一定程度上改变着环境和自身。通过这样良性循环往复,大学生在思政课实践育人过程中不断感知、领悟,不断锤炼、检验,最终树立正确的人生观、世界观、价值观。

社会心理学研究表明:一个人的价值观念的形成要经过顺应、同化和内化三个依次递进的过程。高职院校思政课实践教学作为一种价值观念、教育理念,被领导、教师、学生接受、认同并内化成人格的一部分,需要构建相应的心理机制。[1] 思想政治理论课实践教学相对于理论教学,对于价值教育的重要性,在于强化对马克思主义价值观的内化与外化,其机理可以描述

---

[1] 梁杰:《高职思政课实践教学的心理学解读》,载《北京工业职业技术学院学报》,2020年第1期,第79~82,86页。

为:用亲历的现实问题触动学生的身心—产生价值判断的迫切需要—搜索到可信的价值判断标准(马克思主义的价值观)—正确开展价值判断—作出正确的行为选择—行动中依据可信的价值观不断修正自己的行为。从这个机理我们发现,实践教学之于理论教学具有相对优势:一是通过"触动"产生"迫切需要";二是运用了马克思主义的价值观,"修正"了自己的行为;三是当学生没有搜索到马克思主义的价值观而是经验的抑或是别的价值观时,这就为我们提供了"二次教育"的机会。[①]

大学生在思想政治道德的形成和发展过程中,经过高校思想政治理论课实践育人过程中的实践体验、实践领悟、实践锤炼、实践升华,促使思想政治道德内在的"知""情""意""信""行"各要素之间有机联系、动态平衡发展并循环往复推进,以至养成社会所要求的思想行为习惯。这一内在生成过程较全面地阐释了高职院校思想政治理论课实践教学的作用机理。也就是说,在高职院校思想政治理论课实践教学过程中,大学生在思政课实践体验的基础上进行思政课实践领悟、思政课实践锤炼,逐步内化理论、形成自己的思想政治道德观念,并在思政课实践中外化成与之相应的思想政治道德行为。通过这样良性持续、循环推进的实践体验、实践领悟、实践锤炼,乃至实践升华,大学生树立了正确的世界观、人生观和价值观,从而推动高职院校思想政治理论课实践教学达到课程育人的目的。因此,高职院校思想政治理论课实践教学的内在作用机理遵循思政课实践体验—思政课实践领悟—思政课实践锤炼—思政课实践升华的理路展开。

---

① 钱结海:《高职院校思想政治理论课实践教学的本体价值》,载《内蒙古电大学刊》,2013年第2期,第95~97页。

第五章

高职院校思想政治理论课实践教学的现状调查和问题分析

在改革开放和社会主义现代化建设的新时代,高校有效推进符合时代发展要求的思想政治理论课实践教学是提升思政课实践教学实效性的关键所在。近年来,在党和国家的正确领导下,在相关部门的指导和要求下,各高校结合自身实际不断拓展思政课实践教学新思路,积极探索思政课实践教学新方法,努力创新思政课实践教学模式,加快构建思政课实践教学新体系,取得了显著成绩。同时,非常有必要对高职院校思想政治理论课实践教学现状进行分析,通过现状调查,了解、概述总体情况,总结近年来高职院校思想政治理论课实践教学取得的成效,分析当前高职院校思想政治理论课实践教学存在的问题及成因。

第一节 高职院校思想政治理论课实践教学的现状调查

2020年8月上旬,笔者对浙江金融职业学院、广东轻工职业技术学院、桂林师范高等专科学校、辽阳职业技术学院、齐齐哈尔高等师范专科学校、安徽医学高等专科学校、安徽职业技术学院、芜湖职业技术学院、安徽财贸职业学院、安徽商贸职业技术学院、安徽工业经济职业技术学院、安徽广播影视职业技术学院、安徽警官职业学院、安徽水利水电职业技术学院、安徽艺术职业学院、合肥科技职业学院、铜陵职业技术学院、滁州职业技术学院、亳州职业技术学院、安徽黄梅戏艺术职业学院、皖北卫生职业学院、阜阳幼儿师范高等专科学校、马鞍山职业技术学院、安徽冶金科技职业学院、马鞍山师范高等专科学校等25所高职院校的182名思政课教师、1898名大学生（合计2080名高职院校师生）分别进行了"高校思想政治理论课实践教学研究"教师问卷、学生问卷的调查。同时，为便于分析比较，也对天津师范大学、南京中医药大学、云南民族大学、安徽农业大学、安徽工业大学、安徽中医药大学、安徽建筑大学、蚌埠医学院、铜陵学院、黄淮学院、江苏开放大学、亳州学院、安徽艺术学院、皖江工学院、马鞍山学院等15所本科院校94名思政课教师、192名大学生（合计286名本科院校师生）开展同样的问卷调查。以上问卷调查面较广，问卷涉及的高校分布在我国东北、华北、华东、华南、西南、华中等地区。此次问卷采用问卷星的调查方式，通过微信、QQ等媒介进行填写作答。

一、高职院校思政课实践教学的师生认知状况

我们主要从对思政课实践教学的政策认知、作用认知等方面进行探究，以期探析高职院校师生对思政课实践教学的认知状况。

（一）对思政课实践教学的政策认知

高职院校师生对思政课实践教学的政策认知状况，直接影响思政课实践教学的开展。本研究选取了教育部《新时代高校思想政治理论课教学工作基本要求》（教社科〔2018〕2号）等政策文件，调查高职院校师生对有关政策的了解程度和落实情况。

对高职院校落实教育部《新时代高校思想政治理论课教学工作基本要求》有关思政课实践教学学分情况，调查结果如表5-1所示。74.62%的师生（其中42.86%的教师，77.66%的学生）认为其所在高职院校按照教育部《新时代高校思想政治理论课教学工作基本要求》中"关于本科2学分、专科1学分的实践教学学分要求，并单独把思政课实践教学拿出来计算学分"的要求，"落实了学分要求，并单独计算学分"；7.79%的师生（其中28.02%的教师，5.85%的学生）认为其所在高职院校"计算了学分，但没有单独计算"；1.73%的师生（其中9.34%的教师，1%的学生）认为其所在高职院校"形式上虽落实，但实质并没落实"；1.63%的师生（其中14.84%的教师，0.37%的学生）认为其所在高职院校"没有落实学分要求，没有单独计算学

分";还有14.23%的师生(其中4.95%的教师,15.12%的学生)对其所在高职院校落实情况表示"不知道"。总体而言,大部分高职院校落实了学分要求,其中少数高职院校仅仅从形式上落实了学分要求,实质上没有落实到位。

表5-1 高职院校师生对学校落实教育部
《新时代高校思想政治理论课教学工作基本要求》有关实践教学学分情况的认知状况

选项	学生		教师		师生	
	小计	比例	小计	比例	小计	比例
A.落实了学分要求,并单独计算学分	1474	77.66%	78	42.86%	1552	74.62%
B.计算了学分,但没有单独计算	111	5.85%	51	28.02%	162	7.79%
C.形式上虽落实,但实质并没落实	19	1%	17	9.34%	36	1.73%
D.没有落实学分要求,没有单独计算学分	7	0.37%	27	14.84%	34	1.63%
E.不知道	287	15.12%	9	4.95%	296	14.23%
本题有效填写人次	1898		182		2080	

对高职院校落实思政课实践教学学分要求的困难因素的调查,结果如表5-2所示,对于"全面贯彻落实教育部《新时代高校思想政治理论课教学工作基本要求》关于本科2学分、专科1学分的实践教学要求,最大的困难"问题,24.64%的教师(其中高职院校教师27.47%,本科院校教师19.15%)认为"顶层设计不完善";40.94%的教师(其中高职院校教师39.01%,本科院校教师44.68%)认为"实践教学资源缺乏";3.99%的教师(其中高职院校教师2.2%,本科院校教师7.45%)认为"教师不积极参与";16.3%的教师(其中高职院校教师15.93%,本科院校教师17.02%)认为"缺乏经费保障";另外还有14.13%的教师(其中高职院校教师15.38%,本科院校教师11.7%)填写了其他选项答案,如"没有困难""能落实""实践过程与成果的统一困难""操作起来太累太难""现行培养方案调整学分难度较大""实践教学组织难度、强度较高,没有相应的鼓励机制,教师积极性不高""实践教学学时与理论教学学时是1∶1""主要担心学生安全问题"等。由此可见,依据所选比例教师比较认可的困难因素依次为"实践教学资源缺乏"(40.94%)、"顶层设计不完善"(24.64%)、"缺乏经费保障"(16.3%)等。

表 5-2 教师对学校落实教育部《新时代高校思想政治理论课教学工作基本要求》关于本科 2 学分、专科 1 学分的实践教学要求的困难因素的认知状况

选项	小计			比例		
	高职院校教师	本科院校教师	合计	高职院校教师	本科院校教师	合计
A.顶层设计不完善	50	18	68	27.47%	19.15%	24.64%
B.实践教学资源缺乏	71	42	113	39.01%	44.68%	40.94%
C.教师不积极参与	4	7	11	2.2%	7.45%	3.99%
D.缺乏经费保障	29	16	45	15.93%	17.02%	16.3%
E.其他	28	11	39	15.38%	11.7%	14.13%
本题有效填写人次	182	94	276			

(二)对思政课实践教学作用的认知

首先,在学生对思政课实践教学作用认知调查中,考查学生对于"思政课实践教学发挥立德树人、实践育人,提升学生素质和能力的作用"问题的观点。调查结果显示,79.66%的学生认为"作用比较大",18.07%的学生认为"作用一般",0.47%的学生认为"没什么作用",1.79%的学生认为"说不清楚"(见表 5-3)。在考查学生对"高校思想政治理论课实践教学的育人价值主要体现在哪些方面"问题的观点时,学生赞同"践行育人理念""提高育人质量""形塑育人模式""实现育人目标"观点的比例依次为 92.83%、75.03%、68.76%、62.43%(见表 5-4)。

表 1-3 高职院校师生对"思政课实践教学发挥立德树人、实践育人,提升学生素质和能力的作用"认知状况

选项	学生		教师		师生	
	小计	比例	小计	比例	小计	比例
A.作用比较大	1512	79.66%	139	76.37%	1651	79.38%
B.作用一般	343	18.07%	37	20.33%	380	18.27%
C.没什么作用	9	0.47%	1	0.55%	10	0.48%
D.说不清楚	34	1.79%	5	2.75%	39	1.88%
本题有效填写人次	1898		182		2080	

其次,在教师对思政课实践教学作用认知调查中,考查教师对于"思政课实践教学是否能发挥立德树人、实践育人,提升学生素质和能力的作用"问题的观点。调查结果显示,76.37%的教师认为"作用比较大",20.33%的教师认为"作用一般",0.55%的教师认为"没什么作用",2.75%的教师认为"说不清楚"(见表5-3)。在考查教师对"高校思想政治理论课实践教学的育人价值主要体现在哪些方面"问题的观点时,教师赞同"践行育人理念""提高育人质量""形塑育人模式""实现育人目标"观点的比例依次为95.6%、86.26%、68.13%、81.87%(见表5-4)。

由此可见,大多数高职院校学生和教师均认为思政课实践教学具有重要的育人作用,在育人理念、育人质量、育人模式和育人目标等方面彰显育人价值,能促进立德树人、实践育人,提升学生的素质和能力。

表5-4 高职院校师生对"高校思想政治理论课实践教学的育人价值"认知状况

选项	学生		教师		师生	
	小计	比例	小计	比例	小计	比例
A.践行育人理念	1762	92.83%	174	95.6%	1936	93.08%
B.形塑育人模式	1305	68.76%	124	68.13%	1429	68.7%
C.提高育人质量	1424	75.03%	157	86.26%	1581	76.01%
D.实现育人目标	1185	62.43%	149	81.87%	1334	64.13%
E.其他	37	1.95%	6	3.3%	43	2.07%
本题有效填写人次	1898		182		2080	

最后,调查学生和教师在思政课实践教学的作用认知上的差异。作为高职院校思政课实践教学的不同主体,学生与教师对于思政课实践教学的作用的认知差异将影响其参与行为及效果。本研究通过分别考查其对"思政课实践教学发挥立德树人、实践育人,提升学生素质和能力的作用"观点的认同度,以及"高校思想政治理论课实践教学的育人价值"的比较,来探究高职院校师生在思政课实践教学作用认知上的差异。教师与学生均认同"思政课实践教学发挥立德树人、实践育人,提升学生素质和能力的作用"的观点,两者的认知差异较小。高职院校教师与学生对于"思政课实践教学发挥立德树人、实践育人,提升学生素质和能力的作用"的观点,认知基本趋同,差异较小。如表5-3所示,大多数师生(97.65%的师生,其中97.73%的

学生,96.7%的教师)均认为"思政课实践教学发挥立德树人、实践育人,提升学生素质和能力的作用",只是赞同的程度存在差异,认为"作用比较大"的学生(79.66%)所占比例要略高于教师(76.37%),认为"作用一般"的学生(18.07%)比例略低于教师群体(20.33%)。

通过对比教师、学生对于"高校思想政治理论课实践教学的育人价值"的认知,可以发现,两者均肯定了思政课实践教学的育人价值,认知差异较小,基本趋于一致。只是两者对于思政课实践教学的具体育人价值认知存在差异,高职院校教师从人才培养的角度肯定了思政课实践教学的育人价值,而学生则从个人发展角度来认知思政课实践教学的育人价值。

笔者在进行认知情况调查过程中,提出了包括思政课实践教学的作用、思想政治理论课实践教学的育人价值等在内的多个问题,问题涵盖面较广,由此能够使结果准确性更高,更能够反映当前实际情况。对上述结果进行分析后可以发现,思政课实践教学落实情况总体较好,能够引发众多学生的重视,但有极少师生对思政课实践教学的认知程度较低。

二、师生对思政课实践教学活动的参与

从师生参与思政课实践教学活动的频率、参与不积极原因、参与形式、参与沟通模式等维度,来探究高职院校师生在思政课实践教学活动中的参与现状。

(一)参与频率

师生参与思政课实践教学活动的频率,是反映高职院校思政课实践教学运行现状的一个重要指标。调查结果如表5-5所示。对师生参与思政课实践教学活动的频率,51.3%的师生(其中45.6%的教师,51.84%的学生)认为"经常进行";46.06%的师生(其中51.1%的教师,45.57%的学生)认为"偶尔进行";2.64%的师生(其中3.3%的教师,2.58%的学生)认为"从未进行"。由此可见,近一半的高职院校师生(48.7%)认为思政课实践教学未能"经常进行",仅仅"偶尔进行",甚至"从未进行",这种情况与思政课实践教学常态化开展的要求还有一定差距。

表 5-5　高职院校师生参与思政课实践教学活动的频率

选项	学生		教师		师生	
	小计	比例	小计	比例	小计	比例
A.经常进行	984	51.84%	83	45.6%	1067	51.3%
B.偶尔进行	865	45.57%	93	51.1%	958	46.06%
C.从未进行	49	2.58%	6	3.3%	55	2.64%
本题有效填写人次	1898		182		2080	

（二）参与不积极的原因

对高职院校学生很少参加或不愿意自觉主动参加思政课实践教学活动的原因，调查结果如表 5-6 所示。56.92%的师生（其中59.34%的教师，56.69%的学生）认为"理论教学与实践教学环节联系不紧密，对实践教学认识不到位"；56.63%的师生（其中65.38%的教师，55.8%的学生）认为"实践教学活动内容、形式均不够新颖，缺乏吸引力"；36.59%的师生（其中55.49%的教师，34.77%的学生）认为"学校实践教学资源（如场地、设备、实践基地、经费等）不足"；30.72%的师生（其中38.46%的教师，29.98%的学生）认为"思政课教师与学生管理部门缺乏有效沟通，对实践教学活动的要求和安排不具体"；5.67%的师生（其中5.49%的教师，5.69%的学生）填了"其他"，如有的教师认为"不是学生不愿意参加，而是机会很少，学校和老师都怕出事""对实践学习认识不到位"等，有的学生认为"学生缺乏动力学习""利用学生的休闲时间进行""累，不想去""时间原因"等。

表 5-6　高职院校学生很少参加或不愿意自觉主动参加思政课实践教学活动的原因

选项	学生		教师		师生	
	小计	比例	小计	比例	小计	比例
A.理论教学与实践教学环节联系不紧密，对实践教学认识不到位	1076	56.69%	108	59.34%	1184	56.92%
B.实践教学活动内容、形式均不够新颖，缺乏吸引力	1059	55.8%	119	65.38%	1178	56.63%
C.思政课教师与学生管理部门缺乏有效沟通，对实践教学活动的要求和安排不具体	569	29.98%	70	38.46%	639	30.72%

续表

D.学校实践教学资源(如场地、设备、实践基地、经费等)不足	660	34.77%	101	55.49%	761	36.59%
E.其他	108	5.69%	10	5.49%	118	5.67%
本题有效填写人次	1898		182		2080	

(三)参与形式

要使思政课实践教学发挥育人作用,提高学生对其的重视程度与兴趣,就需要选择合适的思政课实践教学形式,通过适宜的实践主体或实践活动,调动学生的积极性,增强思政课实践教学的针对性和实效性。

师生对参与学校思政课实践教学形式的认知,调查结果如表5-7所示。54.18%的师生(其中29.12%的教师,56.59%的学生)认为思政课实践教学形式"丰富多彩";26.97%的师生(其中34.62%的教师,26.24%的学生)认为"比较多";16.63%的师生(其中29.67%的教师,15.38%的学生)认为"比较少";2.21%的师生(其中6.59%的教师,1.79%的学生)认为"很少"。

表5-7 高职院校师生对参与思政课实践教学形式的认知

选项	学生		教师		师生	
	小计	比例	小计	比例	小计	比例
A.丰富多彩	1074	56.59%	53	29.12%	1127	54.18%
B.比较多	498	26.24%	63	34.62%	561	26.97%
C.比较少	292	15.38%	54	29.67%	346	16.63%
D.很少	34	1.79%	12	6.59%	46	2.21%
本题有效填写人次	1898		182		2080	

对师生参与的思政课实践教学形式,调查结果如表5-8所示。87.84%的师生(其中87.36%的教师,87.88%的学生)认为是"思政课教师组织的课堂辩论、演讲、观看评析影音资料等";49.52%的师生(其中64.84%的教师,48.05%的学生)认为是"思政课教师或院系带队的各种参观考察和社会调查等";52.36%的师生(其中68.13%的教师,50.84%的学生)认为是"学生自行参与的假期社会实践或者社会调查活动";46.3%的师生(其中47.8%的教师,46.15%的学生)认为是"学校组织的素质教育讲座报告等";29.62%的

师生(其中58.24%的教师,26.87%的学生)认为是"学校建立校外思想政治理论课实践教学基地";39.38%的师生(其中47.25%的教师,38.62%的学生)认为是"学校组织的各种德育活动";45.34%的师生(其中57.69%的教师,44.15%的学生)认为是"学校组织的各种主题教育活动";23.51%的师生(其中26.37%的教师,23.23%的学生)认为是"主题网站建设或者网络互动平台的建立";31.49%的师生(其中29.67%的教师,31.66%的学生)认为是"校园板报或者学生办报";26.97%的师生(其中52.75%的教师,24.5%的学生)认为是"以学生社团为引领带动学生参与各种实践活动";21.11%的师生(其中28.02%的教师,20.44%的学生)认为是"与学校的心理咨询工作相结合开设讲座或者举办活动";2.93%的师生(其中6.04%的教师,2.63%的学生)认为是"其他",如"学生制作思想政治教育相关的工艺品等""授课""学校开讲座""参观历史文化相关的景点"等。

表5-8 高职院校师生参与的思政课实践教学形式

选项	学生		教师		师生	
	小计	比例	小计	比例	小计	比例
A.思政课教师组织的课堂辩论、演讲、观看评析影音资料等	1668	87.88%	159	87.36%	1827	87.84%
B.思政课教师或院系带队的各种参观考察和社会调查等	912	48.05%	118	64.84%	1030	49.52%
C.学生自行参与的假期社会实践或者社会调查活动	965	50.84%	124	68.13%	1089	52.36%
D.学校组织的素质教育讲座报告等	876	46.15%	87	47.8%	963	46.3%
E.学校建立校外思想政治理论课实践教学基地	510	26.87%	106	58.24%	616	29.62%
F.学校组织的各种德育活动	733	38.62%	86	47.25%	819	39.38%
G.学校组织的各种主题教育活动	838	44.15%	105	57.69%	943	45.34%
H.主题网站建设或者网络互动平台的建立	441	23.23%	48	26.37%	489	23.51%
I.校园板报或者学生办报	601	31.66%	54	29.67%	655	31.49%

						续表
J. 以学生社团为引领带动学生参与各种实践活动	465	24.5%	96	52.75%	561	26.97%
K. 与学校的心理咨询工作相结合开设讲座或者举办活动	388	20.44%	51	28.02%	439	21.11%
L. 其他	50	2.63%	11	6.04%	61	2.93%
本题有效填写人次	1898		182		2080	

由此可见，通过思政课实践教学形式的调查，高职院校及其思政课教师偏向于在课堂上或校园里开展实践教学活动，特别是师生对思政课课堂实践教学活动认同度都一致且很高，师生选择"思政课教师组织的课堂辩论、演讲、观看评析影音资料等"占比为87.84%，远高于其他校外社会实践教学活动形式和校园实践教学活动形式等选项，这与课内实践教学具有覆盖面广、简便易行、安全可靠、可操作性强、不必利用更多的社会资源等优势密切相关，也成为目前高校思政课实践教学普遍采用的做法。学生和教师对思政课实践教学活动形式的选择在排序上略有差异（见表5-8）。学生选择的思政课实践教学活动形式占比排在前5项的分别为"思政课教师组织的课堂辩论、演讲、观看评析影音资料等"（87.88%）、"学生自行参与的假期社会实践或者社会调查活动"（50.84%）、"思政课教师或院系带队的各种参观考察和社会调查等"（48.05%）、"学校组织的素质教育讲座报告等"（46.15%）、"学校组织的各种主题教育活动"（44.15%）；教师选择的思政课实践教学活动形式占比排在前5项的分别为"思政课教师组织的课堂辩论、演讲、观看评析影音资料等"（87.36%）、"学生自行参与的假期社会实践或者社会调查活动"（68.13%）、"思政课教师或院系带队的各种参观考察和社会调查等"（64.84%）、"学校建立校外思想政治理论课实践教学基地"（58.24%）、"学校组织的各种主题教育活动"（47.8%）。因此，我们可以通过这一调查了解到现阶段高职院校思政课实践教学主要在课内及校内开展，校外进行的调研类实践教学较少，而且虚拟（网络）类实践教学活动的开展也较少。

（四）参与沟通模式

对思政课实践教学过程中教师与学生的沟通模式，调查结果如表5-9所示。61.2%的师生（其中46.15%的教师，62.64%的学生）认为"学生和老师双方平等交流";24.28%的师生(其中32.97%的教师,23.45%的学生)认为"老师起主导作用";13.46%的师生(其中18.68%的教师,12.96%的学生)认为"学生起主导作用";1.06%的师生(其中2.2%的教师,0.95%的学生)认为"几乎不交流"。由此可见,在思政课实践教学过程中师生的沟通模式方面,师生都更倾向于"学生和老师双方平等交流"。

表5-9　思政课实践教学过程中高职院校师生沟通模式

选项	学生		教师		师生	
	小计	比例	小计	比例	小计	比例
A. 学生起主导作用	246	12.96%	34	18.68%	280	13.46%
B. 老师起主导作用	445	23.45%	60	32.97%	505	24.28%
C. 学生和老师双方平等交流	1189	62.64%	84	46.15%	1273	61.2%
D. 几乎不交流	18	0.95%	4	2.2%	22	1.06%
本题有效填写人次	1898		182		2080	

三、师生对思政课实践教学活动的评价

师生对思政课实践教学活动的评价,能从侧面反映思政课实践教学运行的成效。从调查结果(如表5-10所示),我们可以看出师生对目前高职院校思政课实践教学质量和效果的评价,46.06%的师生(其中9.34%的教师,49.58%的学生)表示"非常满意";49.47%的师生(其中59.34%的教师,48.52%的学生)表示"比较满意";3.99%的师生(其中29.12%的教师,1.58%的学生)表示"不满意";0.48%的师生(其中2.2%的教师,0.32%的学生)表示"很不满意"。由此可见,总体上绝大部分师生(95.53%)认可高职院校思政课实践教学的质量和效果,98.1%的学生、68.68%的教师对目前高职院校思政课实践教学的质量和效果表示"非常满意"或"比较满意",学生对目前高职院校思政课实践教学的质量和效果的满意度高于教师满意度近30个百分点,其中49.58%的学生、9.34%的教师对目前高职院校思政课实践教学的质量和效果表示"非常满意",学生的"非常满意"度高于教师"非常满意"度超过40个百分点;48.52%的学生、59.34%的教师表示"比较满意"。不过还有29.12%的教师、1.58%的学生表示"不满意",2.2%的教师、0.32%的学生表示"很不满意"。

表 5-10　师生对目前高职院校思政课实践教学质量和效果的评价

选项	学生		教师		师生	
	小计	比例	小计	比例	小计	比例
A.非常满意	941	49.58%	17	9.34%	958	46.06%
B.比较满意	921	48.52%	108	59.34%	1029	49.47%
C.不满意	30	1.58%	53	29.12%	83	3.99%
D.很不满意	6	0.32%	4	2.2%	10	0.48%
本题有效填写人次	1898		182		2080	

四、思政课实践教学保障机制运行状况

思政课实践教学的保障机制运行状况,对思政课实践教学的成效产生直接影响。参照思政课实践教学整体影响因素(见表 5-11),分别从政策制度保障、组织人员保障、经费保障以及平台(基地)保障等维度,对思政课实践教学保障机制的运行现状进行了探究。

对于目前影响高校思政课实践教学质量和效果的主要因素,调查结果如表 5-11 所示。84.81% 的师生(其中 79.67% 的教师,85.3% 的学生)认为是"思想认识因素";57.93% 的师生(其中 79.67% 的教师,55.85% 的学生)认为是"体制机制因素";56.49% 的师生(其中 64.84% 的教师,55.69% 的学生)认为是"师资队伍因素";54.47% 的师生(其中 51.1% 的教师,54.79% 的学生)认为是"学生因素";36.15% 的师生(其中 69.23% 的教师,32.98% 的学生)认为是"安全因素";38.8% 的师生(其中 65.38% 的教师,36.25% 的学生)认为是"经费因素";2.74% 的师生(其中 4.4% 的教师,2.58% 的学生)选择"其他",如有的学生补充填写"疫情影响"等内容。

表 5-11　影响高职院校思政课实践教学质量和效果的主要因素

选项	学生		教师		师生	
	小计	比例	小计	比例	小计	比例
A.思想认识因素	1619	85.3%	145	79.67%	1764	84.81%
B.体制机制因素	1060	55.85%	145	79.67%	1205	57.93%
C.师资队伍因素	1057	55.69%	118	64.84%	1175	56.49%
D.学生因素	1040	54.79%	93	51.1%	1136	54.47%

续表

E. 安全因素	626	32.98%	126	69.23%	752	36.15%
F. 经费因素	688	36.25%	119	65.38%	807	38.8%
G. 其他	49	2.58%	8	4.4%	57	2.74%
本题有效填写人次	1898		182		2080	

(一) 政策制度保障

调查显示,思政课实践教学具有一定的政策制度保障。与落实国家有关思政课实践教学政策制度相配套,高校相关具体政策制度的出台是开展思政课实践教学工作的主要保障,为思政课实践教学工作的开展提供了合规合理的途径。

对于高校思政课实践教学课时纳入人才培养方案情况,调查结果如表5-12所示。88.04%的教师(其中高职院校教师86.26%,本科院校教师91.49%)认为,其所在高校已经把思政课实践教学课时写进了人才培养方案;但还有11.96%的教师(其中高职院校教师13.74%,本科院校教师8.51%)认为其所在高校没有把思政课实践教学课时写进人才培养方案。由此可见,绝大部分教师(88.04%的教师,高职院校教师比本科院校教师低5.23%)认为其所在高校已经把思政课实践教学课时写进了人才培养方案,但还有少数教师(11.96%的教师,高职院校教师比本科院校教师高5.23%)认为其所在高校没有把思政课实践教学课时写进人才培养方案,这部分高校没有将思政课实践教学纳入教学计划,从根本上说这部分高校对思政课实践教学的定位没有跟上时代发展步伐,还是将思政课实践教学作为理论教学的辅助、补充或点缀,甚至认为其可有可无、无足轻重。

表5-12 高校思政课实践教学课时纳入人才培养方案情况

选项	小计			比例		
	高职院校教师	本科院校教师	合计	高职院校教师	本科院校教师	合计
A. 已经写进方案	157	86	243	86.26%	91.49%	88.04%
B. 没有写进方案	25	8	33	13.74%	8.51%	11.96%
本题有效填写人次	182	94	276			

对于高校思政课实践教学大纲制定情况,调查结果如表5-13所示。65.94%的教师(其中高职院校教师62.09%,本科院校教师73.4%)认为"其所在高校制定了思政课实践教学大纲"。9.78%的教师(其中高职院校教师10.44%,本科院校教师8.51%)认为"其所在高校制定了思政课实践教学大纲但形同虚设";15.22%的教师(其中高职院校教师17.03%,本科院校教师11.7%)认为"其所在高校正在制定";9.06%的教师(其中高职院校教师10.44%,本科院校教师6.38%)认为"没有"。思政课实践教学与理论教学内容上相互阐释,功能上相互补充,共同作用于思政课教学目标的实现。怎样加强两者统一?怎样统筹规划设计好思政课实践教学,避免各门课程各自为政?这需要相关部门顶层设计,统筹安排。中共中央宣传部、教育部多次发文要求将思政课实践教学纳入教学计划,落实学分学时、教学内容。少数高校没有专门的思政课实践教学大纲,各门课程甚至同一高校同一课程不同任课教师各自为政,在教学内容和目标上缺乏思政课实践教学方面的顶层设计。

表5-13 高校思政课实践教学大纲制定情况

选项	小计			比例		
	高职院校教师	本科院校教师	合计	高职院校教师	本科院校教师	合计
A.有	113	69	182	62.09%	73.4%	65.94%
B.有,但形同虚设	19	8	27	10.44%	8.51%	9.78%
C.正在制定	31	11	42	17.03%	11.7%	15.22%
D.没有	19	6	25	10.44%	6.38%	9.06%
本题有效填写人次	182	94	276			

对于高职院校思政课实践教学纳入课程表情况,调查结果如表5-14所示。对于"学校是否把思政课实践教学排进了课程表"问题,91.54%的师生(其中64.29%的教师,94.15%的学生)认为其所在高职院校已经把思政课实践教学排进课程表,但是还有8.46%的师生(其中35.71%的教师,5.85%的学生)认为其所在高职院校没有把思政课实践教学排进课程表。由此可见,师生对于高职院校思政课实践教学纳入课程表情况的认知差异较大,教师认为其所在高职院校已经把思政课实践教学排进课程表较学生低29.86%;

超过1/3的教师(35.71%)认为其所在高职院校没有把思政课实践教学排进课程表,较学生高29.86%。

表5-14 高职院校思政课实践教学纳入课程表情况

选项	学生		教师		师生	
	小计	比例	小计	比例	小计	比例
A.已经排进课表	1787	94.15%	117	64.29%	1904	91.54%
B.没有排进课表	111	5.85%	65	35.71%	176	8.46%
本题有效填写人次	1898		182		2080	

对于思政课实践教学学分获取途径,调查结果如表5-15所示。51.25%的师生(其中28.57%的教师,53.42%的学生)认为其所在学校学生"通过参加教师统一组织的实践教学获得相应学分",8.65%的师生(其中11.54%的教师,8.38%的学生)认为"通过提交与思政课学习相关的实践成果申请获得相应学分";34.18%的师生(其中24.18%的教师,35.14%的学生)认为"既可通过参加教师统一组织的实践教学获得相应学分,也可通过提交与思政课学习相关的实践成果申请获得相应学分";5.91%的师生(其中35.71%的教师,3.06%的学生)认为其所在学校思政课实践教学尚未设立单独学分。

表1-15 高职院校思政课实践教学学分获取途径

选项	学生		教师		师生	
	小计	比例	小计	比例	小计	比例
A.通过参加教师统一组织的实践教学获得相应学分	1014	53.42%	52	28.57%	1066	51.25%
B.通过提交与思政课学习相关的实践成果申请获得相应学分	159	8.38%	21	11.54%	180	8.65%
C.既可通过参加教师统一组织的实践教学获得相应学分,也可通过提交与思政课学习相关的实践成果申请获得相应学分	667	35.14%	44	24.18%	711	34.18%
D.学校思政课实践教学尚未设立单独学分	58	3.06%	65	35.71%	123	5.91%
本题有效填写人次	1898		182		2080	

对于高职院校思政课实践教学环节设置情况,调查结果如表 5-16 所示。师生选择如下:88.85%的师生(其中 88.46%的教师,88.88%的学生)认为"思想道德修养与法律基础"①设置了实践教学环节;88.03%的师生(其中 86.26%的教师,88.2%的学生)认为"毛泽东思想和中国特色社会主义理论体系概论"设置了实践教学环节;33.89%的师生(其中 6.59%的教师,36.51%的学生)认为"马克思主义基本原理概论"设置了实践教学环节;17.21%的师生(其中 9.34%的教师,17.97%的学生)认为"中国近现代史纲要"设置了实践教学环节②;68.41%的师生(其中 31.32%的教师,71.97%的学生)认为"形势与政策"设置了实践教学环节;21.68%的师生(其中 7.14%的教师,23.08%的学生)认为"开设了思政课综合实践课程";2.45%的师生(其中 4.95%,的教师,2.21%的学生)认为"都没开设"。由此可见,思想政治理论课不同课程之间实践教学实施情况存在较大的差异,"思想道德修养与法律基础"课程实践教学实施力度远高于其他思想政治理论课课程。

表 5-16　高职院校思政课实践教学环节设置情况

选项	学生		教师		师生	
	小计	比例	小计	比例	小计	比例
A. 思想道德修养与法律基础	1687	88.88%	161	88.46%	1848	88.85%
B. 毛泽东思想和中国特色社会主义理论体系概论	1674	88.2%	157	86.26%	1831	88.03%
C. 马克思主义基本原理概论	693	36.51%	12	6.59%	705	33.89%
D. 中国近现代史纲要	341	17.97%	17	9.34%	358	17.21%
E. 形势与政策	1366	71.97%	57	31.32%	1423	68.41%
F. 开设了思政课综合实践课程	438	23.08%	13	7.14%	451	21.68%
G. 都没开设	42	2.21%	9	4.95%	51	2.45%
本题有效填写人次	1898		182		2080	

对于思政课实践教学教材自主编写情况,调查结果如表 5-17 所示。

---

① 根据 2020 年 12 月中央宣传部、教育部制定的《新时代学校思想政治理论课改革创新实施方案》要求,2021 年 8 月"思想道德修养与法律基础"课程的 2021 版课程名称统一调整为"思想道德与法治"。

② 马鞍山师范高等专科学校等部分高职院校与普通本科院校联合培养本科专业学生或单独开设本科专业,因此这部分高等职业院校也开设"马克思主义基本原理概论""中国近现代史纲要"等思想政治理论课课程。

59.62%的师生(其中19.78%的教师,63.44%的学生)认为其所在学校"编写了思政课实践教学教材";40.38%的师生(其中80.22%的教师,36.56%的学生)认为"没有编写思政课实践教学教材"。由此可见,师生对其所在高职院校是否编写了具有学校特色的校本思政课实践教学教材方面的认知情况存在较大的差异。

表5-17 高职院校思政课实践教学教材自主编写情况

选项	学生		教师		师生	
	小计	比例	小计	比例	小计	比例
A.编写了教材	1204	63.44%	36	19.78%	1240	59.62%
B.没有编写教材	694	36.56%	146	80.22%	840	40.38%
本题有效填写人次	1898		182		2080	

对于专门的思政课实践教学教材订购情况,调查结果如表5-18所示。81.78%的师生(其中22.53%的教师,87.46%的学生)认为其所在学校为学生"订购了思政课实践教学教材",18.22%的师生(其中77.47%的教师,12.54%的学生)认为"没有订购思政课实践教学教材"。由此可见,师生对其所在高职院校是否订购了适合学校实际的思政课实践教学教材方面的认知情况存在较大的差异。

表5-18 高职院校专门的思政课实践教学教材订购情况

选项	学生		教师		师生	
	小计	比例	小计	比例	小计	比例
A.订购了教材	1660	87.46%	41	22.53%	1701	81.78%
B.没有订购教材	238	12.54%	141	77.47%	379	18.22%
本题有效填写人次	1898		182		2080	

对于高校思政课实践教学课时安排情况,调查结果如表5-19所示。83.92%的学生(其中高职院校学生83.77%,本科院校学生85.42%)认为"保证国家规定的实践教学课时,有计划地进行实践教学";8.52%的学生(其中高职院校学生8.59%,本科院校学生7.81%)认为"任课教师自行安排实践教学时间,较为随意";5.84%的学生(其中高职院校学生5.85%,本科院校学生5.73%)认为"在既定课时内不安排实践教学,利用学生业余时间进行

实践教学活动";1.72%的学生(其中高职院校学生1.79%,本科院校学生1.04%)认为"理论课课时十分紧张,没有时间进行实践教学"。

表5-19 高校思政课实践教学课时安排情况

选项	小计			比例		
	高职院校教师	本科院校教师	合计	高职院校教师	本科院校教师	合计
A.保证国家规定的实践教学课时,有计划地进行实践教学	1590	164	1754	83.77%	85.42%	83.92%
B.任课教师自行安排实践教学时间,较为随意	163	15	178	8.59%	7.81%	8.52%
C.在既定课时内不安排实践教学,利用学生业余时间进行实践教学活动	111	11	122	5.85%	5.73%	5.84%
D.理论课课时十分紧张,没有时间进行实践教学	34	2	36	1.79%	1.04%	1.72%
本题有效填写人次	1898	192	2090			

对于高职院校思政课实践教学成绩折算到思政课期末成绩中的情况,调查结果如表5-20所示。34.47%的师生(其中39.56%的教师,33.98%的学生)认为"按20%折算进去";18.22%的师生(其中15.38%的教师,18.49%的学生)认为"按30%折算进去";31.06%的师生(其中13.74%的教师,32.72%的学生)认为"按40%折算进去";10.91%的师生(其中7.69%的教师,11.22%的学生)认为"按50%折算进去";5.34%的师生(其中23.63%的教师,3.58%的学生)认为"没有折算进去"。高职院校思政课实践教学成绩折算到思政课期末成绩中的比例高低,涉及高职院校思政课实践教学在思政课教学中考核比重以及思政课理论教学和实践教学的平衡关系,从某种意义上反映了高职院校对思政课实践教学的重视程度。根据调查,多数学生认为高职院校按20%、30%或40%的比例折算思政课实践教学成绩,不过还有超过20%的教师认为有的高职院校没有折算进去。

表 5-20　高职院校思政课实践教学成绩折算情况

选项	学生		教师		师生	
	小计	比例	小计	比例	小计	比例
A. 按 20%折算进去	645	33.98%	72	39.56%	717	34.47%
B. 按 30%折算进去	351	18.49%	28	15.38%	379	18.22%
C. 按 40%折算进去	621	32.72%	25	13.74%	646	31.06%
D. 按 50%折算进去	213	11.22%	14	7.69%	227	10.91%
E. 没有折算进去	68	3.58%	43	23.63%	111	5.34%
本题有效填写人次	1898		182		2080	

对于思政课实践教学考核方式,调查结果如表 5-21 所示。师生选择的思政课实践教学考核方式的比例高低依次为:实践报告(78.51%的师生,其中 76.37%的教师,78.71%的学生);心得体会(68.17%的师生,其中 76.92%的教师,67.33%的学生);课堂表现(59.9%的师生,其中 51.65%的教师,60.7%的学生);试卷答题(59.62%的师生,其中 14.84%的教师,63.91%的学生);日常思想行为表现(44.47%的师生,其中 52.2%的教师,43.73%的学生);其他(2.55%的师生,其中 10.99%的教师,1.74%的学生),如有的教师补充填写的有"微视频、PPT、美术作品,朗诵作品等""课内实践活动""实践成果,如微电影"等,有的学生填写的有"参加活动"等。由此可见,实践报告、心得体会是目前高职院校所愿意采用的并且师生认可度较高的思政课实践教学考核方式,同时兼顾课堂表现、日常思想行为表现等考核方式,以体现思政课实践教学考核方式的多样化。

表 5-21　高职院校思政课实践教学考核方式

选项	学生		教师		师生	
	小计	比例	小计	比例	小计	比例
A. 实践报告	1494	78.71%	139	76.37%	1633	78.51%
B. 心得体会	1278	67.33%	140	76.92%	1418	68.17%
C. 试卷答题	1213	63.91%	27	14.84%	1240	59.62%
D. 日常思想行为表现	830	43.73%	95	52.2%	925	44.47%
E. 课堂表现	1152	60.7%	94	51.65%	1246	59.9%
F. 其他	33	1.74%	20	10.99%	53	2.55%
本题有效填写人次	1898		182		2080	

(二)组织人员保障

对于高校专职思政课教师岗位师生比例设置情况,调查结果如表5-22所示。18.48%的教师(其中19.23%高职院校教师,17.02%的本科院校教师)认为"达到1∶350";42.39%的教师(其中39.01%的高职院校教师,48.94%的本科院校教师)认为"接近1∶350";39.13%的教师(其中41.76%的高职院校教师,34.04%的本科院校教师)认为"距离1∶350较大"。由此可见,仅有18.48%被调查教师(高职院校教师超过本科院校教师比例2.21%)认为其所在学校达到高校专职思政课教师岗位师生比例1∶350的要求,近40%的教师(39.13%的教师,其中41.76%的高职院校教师,34.04%的本科院校教师)认为专职思政课教师岗位师生比例"距离1∶350较大",目前高校专职思政课教师缺口仍较大(其中,高职院校缺口更大,高职院校教师超过本科院校教师比例7.72%),这势必影响高校思政课实践育人的师资配置和实践课程的常态化开展。

表5-22 高校专职思政课教师岗位师生比例设置情况

选项	小计			比例		
	高职院校教师	本科院校教师	合计	高职院校教师	本科院校教师	合计
A. 达到1∶350	35	16	51	19.23%	17.02%	18.48%
B. 接近1∶350	71	46	117	39.01%	48.94%	42.39%
C. 距离1∶350较大	76	32	108	41.76%	34.04%	39.13%
本题有效填写人次	182	94	276			

对于高职院校思政课实践教学组织形式开展情况,调查结果如表5-23所示。87.93%的师生(其中91.21%的教师,87.62%的学生)认为"思政课教师组织开展课堂实践或校内实践";53.75%的师生(其中63.19%的教师,52.85%的学生)认为"思政课教师布置社会实践主题,让学生自行外出实践,提交社会实践报告";43.61%的师生(其中35.71%的教师,44.36%的学生)认为"思政课教师组织所带班级全体学生参加校外实践";30.05%的师生(其中44.51%的教师,28.66%的学生)认为"统一组织选派优秀学生代表

参加校外实践";19.81%的师生(其中22.53%的教师,19.55%的学生)认为"组织开展网络(虚拟)实践活动";3.22%的师生(其中7.69%的教师,2.79%的学生)填为"其他"。

表5-23 高职院校思政课实践教学的组织形式开展情况

选项	学生 小计	学生 比例	教师 小计	教师 比例	师生 小计	师生 比例
A.思政课教师组织开展课堂实践或校内实践	1663	87.62%	166	91.21%	1829	87.93%
B.思政课教师布置社会实践主题,让学生自行外出实践,提交社会实践报告	1003	52.85%	115	63.19%	1118	53.75%
C.统一组织选派优秀学生代表参加校外实践	544	28.66%	81	44.51%	625	30.05%
D.思政课教师组织所带班级全体学生参加校外实践	842	44.36%	65	35.71%	907	43.61%
E.组织开展网络(虚拟)实践活动	371	19.55%	41	22.53%	412	19.81%
F.其他	53	2.79%	14	7.69%	67	3.22%
本题有效填写人次	1898		182		2080	

对于高职院校思政课实践教学开展前的思政课老师指导情况,调查结果如表5-24所示。89.13%的师生(其中70.88%的教师,90.89%的学生)认为其所在学校思政课实践教学活动开展"在课前根据实际情况进行充分指导",9.76%的师生(其中25.27%的教师,8.27%的学生)认为"仅仅只是口头上简略指导",1.11%的师生(其中3.85%的教师,0.84%的学生)认为"根本没有指导"。由此可见,大部分指导教师在思政课实践教学活动开展前根据实际情况进行充分指导,只有少部分指导教师仅仅只是口头上简略指导,同时还存在极小部分指导教师由于各种原因并没有真正参与到实践教学中去,对实践教学没有任何指导。

表 5-24　高职院校思政课实践教学开展前的思政课老师指导情况

选项	学生		教师		师生	
	小计	比例	小计	比例	小计	比例
A.在课前根据实际情况进行充分指导	1725	90.89%	129	70.88%	1854	89.13%
B.仅仅只是口头上简略指导	157	8.27%	46	25.27%	203	9.76%
C.根本没有指导	16	0.84%	7	3.85%	23	1.11%
本题有效填写人次	1898		182		2080	

对于高职院校思政课教师的实践指导能力,调查结果如表 5-25 所示。60.38%的师生(其中 19.78%的教师,64.28%的学生)认为思政课教师的"实践指导能力深厚,经验丰富";33.61%的师生(其中 50%的教师,32.03%的学生)认为思政课教师的"实践指导能力较好,基本能满足教学";5.43%的师生(其中 27.47%的教师,3.32%的学生)认为思政课教师的"实践指导能力一般,不是很丰富";0.58%的师生(其中 2.75%的教师,0.37%的学生)认为思政课教师的"实践指导能力很不好,经验不足"。从这一调查情况来看,绝大部分思政课教师实践指导能力深厚或较好,但也有一小部分思政课教师实践指导能力一般或很不好。

表 5-25　高职院校思政课教师的实践指导能力

选项	学生		教师		师生	
	小计	比例	小计	比例	小计	比例
A.实践指导能力深厚,经验丰富	1220	64.28%	36	19.78%	1256	60.38%
B.实践指导能力较好,基本能满足教学	608	32.03%	91	50%	699	33.61%
C.实践指导能力一般,不是很丰富	63	3.32%	50	27.47%	113	5.43%
D.实践指导能力很不好,经验不足	7	0.37%	5	2.75%	12	0.58%
本题有效填写人次	1898		182		2080	

对于高职院校思政课实践教学方案设计实施的承担者,调查结果如表1-26所示。42.12%的师生(其中65.93%的教师,39.83%的学生)认为"马克思主义学院(思政部)统一";9.18%的师生(其中21.98%的教师,7.96%的学生)认为"教研室统一";24.23%的师生(其中6.59%的教师,25.92%的学生)认为"任课教师";23.65%的师生(其中4.95%的教师,25.45%的学生)认为"教师和学生共同";0.82%的师生(其中0.55%的教师,0.84%的学生)认为"学生主动"。由此可见,对于高职院校思政课实践教学方案设计实施的承担者,师生总体上较认可"马克思主义学院(思政部)统一";比较来看,师生此方面的认知情况存在差异,教师更倾向于"马克思主义学院(思政部)统一"(65.93%的教师)、"教研室统一"(21.98%的教师),而学生则较多倾向于"马克思主义学院(思政部)统一"(39.83%的学生)、"任课教师"(25.92%的学生)、"教师和学生共同"(25.45%的学生)。

表5-26 高职院校思政课实践教学方案设计实施的承担者

选项	学生		教师		师生	
	小计	比例	小计	比例	小计	比例
A.马克思主义学院(思政部)统一	756	39.83%	120	65.93%	876	42.12%
B.教研室统一	151	7.96%	40	21.98%	191	9.18%
C.任课教师	492	25.92%	12	6.59%	504	24.23%
D.教师和学生共同	483	25.45%	9	4.95%	492	23.65%
E.学生主动	16	0.84%	1	0.55%	17	0.82%
本题有效填写人次	1898		182		2080	

对于高职院校思政课实践教学任务组织安排的承担者,调查结果如表5-27所示。48.99%的师生(其中80.77%的教师,45.94%的学生)认为"马克思主义学院(思政部)";27.74%的师生(其中1.1%的教师,30.3%的学生)认为"教务处";0.96%的师生(其中0.55%的教师,1%的学生)认为"宣传部";1.78%的师生(其中0.55%的教师,1.9%的学生)认为"学生处",3.03%的师生(其中0.55%的教师,3.27%的学生)认为"校团委",17.5%的师生(其中16.48%的教师,17.6%的学生)认为"马克思主义学院(思政部)牵头,相关部门协同完成"。由此可见,对于高职院校思政课实践教学任务组织安排的承担者,总体上近一半师生认为应该为"马克思主义学院(思政

部)"(48.99%的师生);从师生比较来看,大部分教师认为应该为"马克思主义学院(思政部)"(80.77%的教师)或"马克思主义学院(思政部)牵头,相关部门协同完成"(16.48%的教师),而学生则较多认为应该为"马克思主义学院(思政部)"(45.94%的学生)、"教务处"(30.3%的学生)、"马克思主义学院(思政部)牵头,相关部门协同完成"(17.6%的学生)。

表 5-27　高职院校思政课实践教学任务组织安排的承担者

选项	学生		教师		师生	
	小计	比例	小计	比例	小计	比例
A. 马克思主义学院(思政部)	872	45.94%	147	80.77%	1019	48.99%
B. 教务处	575	30.3%	2	1.1%	577	27.74%
C. 宣传部	19	1%	1	0.55%	20	0.96%
D. 学生处	36	1.9%	1	0.55%	37	1.78%
E. 校团委	62	3.27%	1	0.55%	63	3.03%
F. 马克思主义学院(思政部)牵头,相关部门协同完成	334	17.6%	30	16.48%	364	17.5%
本题有效填写人次	1898		182		2080	

对于高职院校思政课实践教学的组织管理情况,调查结果如表 5-28 所示。71.44%的师生(其中41.21%的教师,74.34%的学生)认为"组织管理到位,由制度和规定进行督促约束";24.57%的师生(其中39.56%的教师,23.13%的学生)认为"组织管理一般,有制度但执行情况一般";3.41%的师生(其中14.84%的教师,2.32%的学生)认为"组织管理不到位,老师和学生的随意性很大";0.58%的师生(其中4.39%的教师,0.21%的学生)认为"没有组织管理制度,完全没人管"。由此可见,虽然超过70%的师生(71.44%的师生,其中74.34%的学生,41.21%的教师)认为高职院校思政课实践教学"组织管理到位,由制度和规定进行督促约束"(学生比教师高出33.13%),但是还应看到58.79%的教师、25.66%的学生认为高职院校思政课实践教学"组织管理一般,有制度但执行情况一般"或"组织管理不到位,老师和学生的随意性很大",甚至"没有组织管理制度,完全没人管"。

表 5-28　高职院校思政课实践教学的组织管理情况

选项	学生		教师		师生	
	小计	比例	小计	比例	小计	比例
A.组织管理到位,由制度和规定进行督促约束	1411	74.34%	75	41.21%	1486	71.44%
B.组织管理一般,有制度但执行情况一般	439	23.13%	72	39.56%	511	24.57%
C.组织管理不到位,老师和学生的随意性很大	44	2.32%	27	14.84%	71	3.41%
D.没有组织管理制度,完全没人管	4	0.21%	8	4.39%	12	0.58%
本题有效填写人次	1898		182		2080	

（三）经费保障

思政课实践教学活动的经费筹集渠道以及经费是否充足,直接影响思政课实践教学活动的运行。

对于高校思政课实践教学活动经费提供情况,调查结果如表 5-29 所示。39.49%的教师(其中高职院校教师 37.36%,本科高校教师 43.62%)认为"学校提供的经费充足";34.78%的教师(其中高职院校教师 33.52%,本科院校教师 37.23%)认为"学校提供部分活动经费";13.41%的教师(其中高职院校教师 13.19%,本科院校教师 13.83%)认为"学校提供的活动经费严重不足";12.32%的教师(其中高职院校教师 15.93%,本科院校教师 5.32%)认为"学校没有相关方面的经费预算"。由此可见,仅有不到 40%的被调查教师反映其所在高校提供的思政课实践教学活动经费充足,超过 30%的被调查教师反映其所在高校提供部分思政课实践教学活动经费,还有超过 1/4 的被调查教师(25.73%的教师,其中 29.12%的高职院校教师,19.15%的本科院校教师,高职院校教师较本科院校教师高近 10%)反映学校提供的思政课实践教学活动经费严重不足,甚至没有相关方面的经费预算。从这里可以看出,高校对于思政课实践教学活动经费的投入相对不够,应加大经费投入,完善相应的思政课实践教学保障机制,提高实践教学的覆盖率,使得每一个学生都能参与到实践教学活动中来。

表 5-29　高校思政课实践教学活动经费提供情况

选项	小计			比例		
	高职院校教师	本科院校教师	合计	高职院校教师	本科院校教师	合计
A.学校提供的经费充足	68	41	109	37.36%	43.62%	39.49%
B.学校提供部分活动经费	61	35	96	33.52%	37.23%	34.78%
C.学校提供的活动经费严重不足	24	13	37	13.19%	13.83%	13.41%
D.学校没有相关方面的经费预算	29	5	34	15.93%	5.32%	12.32%
本题有效填写人次	182	94	276			

对于高校思政课教师带队外出考察和调研活动的课时补贴情况,调查结果如表 5-30 所示。45.29%的教师(其中高职院校教师 46.15%,本科院校教师 43.62%)认为"有";54.71%的教师(其中高职院校教师 53.85%,本科院校教师 56.38%)认为"没有"。由此可见,半数以上的被调查教师(54.71%的教师,其中高职院校教师 53.85%,本科院校教师 56.38%)反映其所在高校没有安排思政课教师带队外出考察和调研活动的课时补贴,高职院校教师与本科院校教师此方面认知基本一致。

表 5-30　高校思政课教师带队外出考察和调研活动的课时补贴情况

选项	小计			比例		
	高职院校教师	本科院校教师	合计	高职院校教师	本科院校教师	合计
A.有	84	41	125	46.15%	43.62%	45.29%
B.没有	98	53	151	53.85%	56.38%	54.71%
本题有效填写人次	182	94	276			

(四)平台(基地)保障

对于高职院校思政课实践教学校外基地建设情况,调查结果如表5-31所示。53.08%的师生(其中30.22%的教师,55.27%的学生)认为"基地数量多,种类丰富";32.31%的师生(其中49.45%的教师,30.66%的学生)认为"基地数量较少";5.57%的师生(其中4.95%的教师,5.64%的学生)认为"基地数量极少";9.04%的师生(其中15.38%的教师,8.43%的学生)认为"暂时没有建立相关基地"。由此可见,师生在思政课实践教学基地数量多少的认知方面有差异,超过半数的学生(55.27%)认为"基地数量多,种类丰富",而接近半数的教师(49.45%)认为"基地数量较少",但综合来看认为"基地数量较少"或"基地数量极少"甚至"暂时没有建立相关基地"的师生比例接近半数(46.92%),这表明高职院校实践教学基地建设还有待加强。

表5-31 高职院校思政课实践教学校外基地建设情况

选项	学生		教师		师生	
	小计	比例	小计	比例	小计	比例
A.基地数量多,种类丰富	1049	55.27%	55	30.22%	1104	53.08%
B.基地数量较少	582	30.66%	90	49.45%	672	32.31%
C.基地数量极少	107	5.64%	9	4.95%	116	5.57%
D.暂时没有建立相关基地	160	8.43%	28	15.38%	188	9.04%
本题有效填写人次	1898		182		2080	

对于师生比较喜欢参观体验思政课实践教学基地情况,调查结果如表1-32所示。被调查师生的回答比例高低依次为:博物馆、文化园、名人故居等中华优秀传统文化实践基地(73.61%的师生,其中83.52%的教师,72.66%的学生);校史馆和思政课实训中心等校内基地(70.72%的师生,其中60.99%的教师,71.65%的学生);红色纪念馆、井冈山、延安等革命文化实践基地(58.17%的师生,其中84.07%的教师,55.69%的学生);风景区等游览风光、陶冶情操基地(44.04%的师生,其中36.26%的教师,44.78%的学生);开发区、高新区、先进企业等社会主义先进文化实践基地(33.37%的师生,其中50.55%的教师,31.72%的学生);新型社区、种植(生产)基地、新农村建设示范点、贫困地区等社会调查实践基地(32.21%的师生,其中62.64%的教师,

29.29%的学生);法院、监狱、廉政教育基地等法治教育与道德情操体验基地(26.88%的师生,其中48.35%的教师,24.82%的学生);网上实践教学基地(16.01%的师生,其中24.18%的教师,15.23%的学生);其他(2.21%的师生,其中7.14%的教师,1.74%的学生),如有的教师补充填写"与院校专业特色相关的实践基地"。

表 5-32　高职院校师生比较喜欢参观体验思政课实践教学基地情况

选项	学生		教师		师生	
	小计	比例	小计	比例	小计	比例
A.校史馆和思政课实训中心等校内基地	1360	71.65%	111	60.99%	1471	70.72%
B.博物馆、文化园、名人故居等中华优秀传统文化实践基地	1379	72.66%	152	83.52%	1531	73.61%
C.红色纪念馆、井冈山、延安等革命文化实践基地	1057	55.69%	153	84.07%	1210	58.17%
D.开发区、高新区、先进企业等社会主义先进文化实践基地	602	31.72%	92	50.55%	694	33.37%
E.新型社区、种植(生产)基地、新农村建设示范点、贫困地区等社会调查实践基地	556	29.29%	114	62.64%	670	32.21%
F.法院、监狱、廉政教育基地等法治教育与道德情操体验基地	471	24.82%	88	48.35%	559	26.88%
G.风景区等游览风光、陶冶情操基地	850	44.78%	66	36.26%	916	44.04%
H.网上实践教学基地	289	15.23%	44	24.18%	333	16.01%
I.其他	33	1.74%	13	7.14%	46	2.21%
本题有效填写人次	1898		182		2080	

第二节　高职院校思想政治理论课
实践教学存在的问题及成因

在促进课堂理论教学内容入脑、入心、入行的过程中,思政课实践教学发挥着无可替代的作用。自"05 方案"实施以来,思想政治理论课实践教学一直深受各级教育主管部门的重视。近年来各高校对思政课实践教学的重视程度日益深化,在不断探索思政课实践教学的新思路与新方法的过程中,开展了丰富多样的思政课实践教学活动。思政课实践教学活动开展得如火如荼、有声有色,实践教学机制创建、实践教学形式与内容丰富、实践教学空间和载体拓展等方面有了很大的突破,产生了越来越显著的育人效果。但是,基于实践教学在组织管理、教学体系构建、教学运行、活动实施、学生覆盖率和效果考评等方面存在的固有难度,目前许多高校思政课实践教学的实效性不强。尽管各高校思政课教师不断地尝试和探索,实践教学的体系化、标准化、规范化建设依然任重道远,①高校思政课实践教学还存在一定的问题。笔者通过调查发现,教师和学生在参与思政课实践教学活动中遇到一些问题。

对于目前高职院校思政课实践教学存在的主要问题,调查结果如表 5-33 所示。54.42%的师生(其中 47.8%的教师,55.06%的学生)认为"实践教学流于形式";41.15%的师生(其中 70.33%的教师,38.36%的学生)认为"实践教学保障机制不完善";34.23%的师生(其中 62.09%的教师,31.56%的学生)认为"实践教学评价体系不健全";29.62%的师生(其中 49.45%的教师,27.71%的学生)认为"实践教学组织管理不规范";23.7%的师生(其中 35.71%的教师,22.55%的学生)认为"实践教学效果不理想";14.52%的师生(其中 38.46%的教师,12.22%的学生)认为"学校和老师对实践教学环节不够重视";8.65%的师生(其中 8.24%的教师,8.69%的学生)填写为"其他",如有的教师补充填写为"学校不支持,尤其是校外""师生安全""学校领导不重视,各二级学院比较排斥,认为占用了专业课学时"等内容,有的学

---

① 张春和:《新时代高校思想政治理论课实践教学体系的探索与构建——兼论"2018 新方案"基本要求的落实落细》[J],载《学校党建与思想教育》2018 年第 17 期。

生补充填写为"学生积极性不高""实践活动比较少""活动太少""没有实践环节""时间不够"等内容。由此可见,思政课实践教学的持续发展存在着诸多困难,还由于思政课实践教学对思政课教师的综合素质和责任意识要求更高。在思政课实践教学中,思政课教师要扮演多种角色,既要投入很多的精力,还要承担保证学生安全的风险,怎样调动思政课教师对思政课实践教学的积极性,确实让学生能够在实践中真正受益,这些都成为思政课实践教学进一步发展的障碍。①

表 5-33　目前高职院校思政课实践教学存在的主要问题

选项	学生		教师		师生	
	小计	比例	小计	比例	小计	比例
A.实践教学流于形式	1045	55.06%	87	47.8%	1032	54.42%
B.实践教学组织管理不规范	526	27.71%	90	49.45%	616	29.62%
C.实践教学保障机制不完善	728	38.36%	128	70.33%	856	41.15%
D.实践教学评价体系不健全	599	31.56%	113	62.09%	712	34.23%
E.实践教学效果不理想	428	22.55%	65	35.71%	493	23.7%
F.学校和老师对实践教学环节不够重视	232	12.22%	70	38.46%	302	14.52%
G.其他	165	8.69%	15	8.24%	180	8.65%
本题有效填写人次	1898		182		2080	

我们结合日常了解、查阅文献和本项调查问卷数据分析,认为目前高职院校思政课实践教学存在的问题主要表现在以下四个方面。

一、对高校思政课实践教学的基本认识不足

(一)思政课实践教学理念式微、定位偏颇

许多高校思政课管理者和教师受传统思想政治教育"重理论轻实践""重课堂单向理论灌输轻课外实践探索"等观念的影响,认为课堂理论教学是教学的主要形式,思政课实践教学只是作为理论教学的辅助、补充的教学

---

① 张凤华、梅萍、万美容等:《高校思想政治理论课"05 方案"实施及测评的实证研究》,北京:中国社会科学出版社,2011 年,第 30 页。

方式而存在,把实践教学当作课堂理论教学的点缀,没有把思政课的实践教学与理论教学放到同等重要的位置。课堂中完成的知识教育仅仅是价值观教育的初级阶段,这种知识教育如何能够转换为信念或者道德行动才具有决定意义,而这就需要高校价值观教育有机地融入社会现实生活,要让学生有真正的价值观体验,并在这种体验中完成道德信念的确立和道德行动的践行。[①] 高校在具体贯彻落实文件精神的过程中,不同程度地存在这样或者那样的认知偏颇,致使在具体推进和落实思政课实践教学过程中对组织管理、教学落实、活动组织、条件保障、效果测评等方面"难以到位"。[②] 调查结果显示,11.96%的教师(其中高职院校教师13.74%,本科院校教师8.51%)认为其所在高校没有把思政课实践教学课时纳入人才培养方案;9.06%的教师(其中高职院校教师10.44%,本科院校教师6.38%)认为"没有制定思政课实践教学大纲";近1/3的教师(师生8.83%,其中31.16%的教师、5.89%的学生,教师较学生高25.27%)认为其所在高校没有把思政课实践教学排进课程表。这表明部分高校没有将思政课实践教学纳入教学计划,从根本上说这部分高校对思政课实践教学的定位没有跟上时代发展步伐,还是将其作为理论教学的辅助、补充或点缀。

(二)对思政课实践教学课程属性认识存在偏差

实践教学被当作一种教学方式,或将实践教学简单等同于思政课的实践环节,而非一门独立形态的课程。对"思政课实践教学环节是不是一门课程"问题,很多人都没能从完整的课程体系角度,深入认识理论教学和实践教学在高校思政课中的应有地位与作用。尽管各级文件、意见和标准中,都强调思政课实践教学环节应该列入教学计划,落实学分、教学内容和经费,但在实施操作中,"相当多的公办高校仅安排思政课的理论教学时间而不安排实践教学时间","绝大多数民办高校则大幅度缩减思政课的整体教学学时,基本上没有安排实践教学的学时与学分",[③]只有部分高校落实了教育

[①] 金林南:《思想政治教育学科范式的哲学沉思》,南京:江苏人民出版社,2013年,第310页。

[②] 张春和:《新时代高校思想政治理论课实践教学体系的探索与构建——兼论"2018新方案"基本要求的落实落细》,载《学校党建与思想教育》,2018年第17期,第55~58,62页。

[③] 赵增彦:《高校思政课实践教学资源多元化整合与一体化运用》,载《东北师大学报(哲学社会科学版)》,2013年第2期,第177~180页。

部《高等学校思想政治理论课建设标准（2021年本）》（教社科〔2021〕2号）中严格规定的学分要求，并列入计划。有些高校将思政课实践教学和大学生暑期社会实践、专业实习实践、学生社团活动、勤工俭学、大学生青年志愿者活动等进行接轨，将这些活动量化成学分，再给出相应考核结果，就等于完成了相应学分，在学生的课表中看不到思政课实践教学的专门安排，没有安排规范的实践教学时间、地点和形式等。还有些高校虽然落实了学分和学时，但仅仅将其作为每门思政课的补充部分，即使列入了课表，也往往表现为每一门课的实践教学环节。思政课实践教学环节在具备了学时、学分等要素的基础上，如何入计划、进课表、有规范、可操作、能考核，又如何让实践教学环节能独立、成体系、成整体，首先要去回答思政课实践教学究竟能否成为一门课程的问题。只有明确了其课程属性，才能明确其建设的规范和操作的流程，才能真正将教师和学生对思政课实践教学的认识和态度统一起来，才能够带来具有可比性的考核结果。[①]

（三）对思政课实践教学的态度呈现对立、排斥的倾向

随着思想政治教育理论研究的不断深入，思政课的科学性与意识形态性一度成为学界热议的论题，而思政课的实践性特征则备受冷落。很多思政课教师仍热衷于指定书目的照本宣科式理论灌输，持有理论教学与实践教学二元对立的偏狭观点，始终把理论教学理解为单独行为过程，将实践教学看作思政课额外考虑的内容，缺乏对二者有效融通思想的认知、承认、理解与认同。近年来，在各方对高校思政课实践教学和理论教学加强融合的重视与关注下，虽然高校思政课教师逐渐培植起对思政课理论教学与实践教学互融互通的意识，但总体仍旧呈现出认知缺乏、关注不够的矛盾，"重课堂、轻课外""重理论、轻实践"的现象依然存在。[②] 一些高校管理者未能认清思政课实践教学是思政课的有机组成部分，认为思政课实践教学耗时较长并且意义不大，提出只要抓好思政课课堂理论教学就能建设好思政课，忽视了思政课实践教学对提升思政课教学成效的重要价值。也正是受这些落

[①] 高继国、张春和、程孝良：《高校思想政治理论课实践教学新模式的构建探讨》，载《国家教育行政学院学报》，2014年第4期，第63~67页。

[②] 张彦：《新时代高校思想政治理论课实践教学的三大追问》，载《思想政治教育研究》，2019年第3期，第55~59页。

后思想观念的影响,一些高校的思政课实践教学发展相对滞后和趋于边缘化,即便开展思政课实践教学,往往也流于形式。①

二、思政课实践教学制度建设有待完善

(一)思政课实践教学的制度保障不力乃至缺失

关于思政课实践教学的内容与任务、计划与实施、监督与考评、师资与经费以及实践教学平台建设等方面,当前一些高校还没有以规范性文件的方式予以专门规定和明确的制度安排。制度建设的不足,给思政课实践教学的具体实施带来了多方面的不便和困惑。对于目前影响高职院校思政课实践教学质量和效果的主要因素,调查结果如表5-11所示,57.93%的师生(其中79.67%的教师,55.85%的学生)认为是"体制机制因素"。一是思政课实践教学师资缺乏。办好思政课实践教学关键在教师。但思政课专职教师数量不达标、发展不平衡不充分的问题依然突出。大部分思政课教师尤其是青年思政课教师虽理论水平较高,但实践素养欠缺,难以满足思政课实践教学对教师提出的更高要求。根据调查,仅有18.48%的被调查教师(其中19.23%的高职院校教师,17.02%的本科院校教师)认为其所在高校达到高校专职思政课教师岗位师生比例1∶350的要求;有近40%的教师(39.13%的教师,其中41.76%的高职院校教师,34.04%的本科院校教师)认为专职思政课教师岗位师生比例"距离1∶350较大"。(详见表5-22),目前高校专职思政课教师缺口仍较大(其中,高职院校缺口更大,高职院校教师超过本科院校教师比例7.72%)。二是思政课实践教学经费缺乏。思政课实践教学专项经费不足或不到位,不能在活动中得到明确体现。根据调查(详见表5-29),超过30%的被调查教师(34.78%的教师,其中高职院校教师33.52%,本科高校教师37.23%)反映其所在高校仅仅提供部分思政课实践教学活动经费,还有超过1/4的被调查教师(25.73%的教师,其中29.12%的高职院校教师,19.15%的本科院校教师,高职院校教师较本科校教师高近10%)反映学校提供的思政课实践教学活动经费严重不足甚至没有相关方面的经费预算。另外,半数以上的被调查教师(54.71%的教师,

---

① 陶利江:《论高校思政课实践教学深度体验的层次结构、制约因素及破解路径》,载《河南社会科学》,2020年第11期,第91~97页。

其中高职院校教师53.85%,本科院校教师56.38%)反映其所在高校没有安排思政课教师带队外出考察和调研活动的课时补贴(详见表5-30)。三是思政课实践教学资源匮乏。思政课实践教学需要开放的公共教育资源和社会条件。大量的思政课实践教学活动都是没有进入社会实践本身的,其根本问题是可以开展有效社会实践的社会空间的欠缺。[①] 根据调查(详见表5-2),对于"落实教育部《新时代高校思想政治理论课教学工作基本要求》关于本科2学分、专科1学分的实践教学要求的困难因素认知状况"问题,40.94%的教师(其中高职院校教师39.01%,本科院校教师44.68%)认为"实践教学资源缺乏"。当下,思政课实践教学资源平台建设存在体系不健全、规模有限、选择缺乏代表性和典型性等问题,未能最大限度地满足思政课实践教学需求。[②] 因此,思政课实践教学资源及其平台建设目前还不能满足思政课实践教学改革创新发展的需要。

(二)思政课实践教学的激励考评机制不完善

当前高校思政课实践教学在实施结果上缺乏科学合理的考核评价和激励机制。一方面,思政课实践教学考评缺乏系统建构,考评体系不科学。既未能做到教师考核和学生考核相统一,也未能做到过程性考核和结果性考核的统一。教师和学生都应是思政课实践教学考评的主客体,但长期以来,思政课实践教学考核往往仅仅对学生进行考核,重视对学生"学"的评价,而没有对教师进行严格考核,忽视对教师"教"的评价。在思政课实践教学考评过程"学"的评价上,评价主体单一,重视教师对学生的评价,忽视学生自评、互评。在进行实践教学考评时,一些教师过于注重结果性考核,轻视过程性考核,未能对学生参与实践教学的总体表现进行结构性评分。不注重考量学生在实践教学活动中的具体表现将难以有效调动学生参与实践教学的积极性和主动性。另一方面,思政课实践教学缺乏激励机制。现行实践教学考评缺乏应有的激励机制,尚未建立有效的奖励机制。思政课实践教学成绩未能与教师的职称评定、晋级、评优等挂钩,这样容易使教师对难度

[①] 金林南:《论思想政治教育的公共性》,载《思想理论教育》,2012年第15期,第41~44,55页。

[②] 陶利江:《论高校思政课实践教学深度体验的层次结构、制约因素及破解路径》,载《河南社会科学》,2020年第11期,第91~97页。

大、利益少的实践教学失去兴趣。思政课实践教学成绩在学生综合评价中所占比例较低,这导致学生参与思政课实践教学的热情不高。① 刻板僵化的实践方式与单调的评价内容无法从价值维度实现学生与社会实践的互动式发展。目前,实践教学的形式主义倾向严重制约了高校思政课教学质量的整体提升,也阻碍了思政课向思想政治教育本质的回归。②

(三)思政课实践教学的相关制度落实不到位

虽然不少高校就思政课实践教学做过相关的制度建设和安排,如制定过思政课实践教学的任务、内容、过程和考评等方面的规范性制度文件,但是思政课实践教学考核机制、激励机制等方面不健全,又导致相关制度没有得到有效实施和贯彻。③ 例如,有的教师对学生实践教学的指导不到位,学校相关管理部门对此没有根据制度规范予以严格考评,没有落实具体的奖惩。有的学生对实践教学课程敷衍应付,完成得不好,有的教师发现问题却没有严格遵照制度进行规范处置,而是常常视而不见,让学生蒙混过关。

受到开展思政课目的和条件的限制,实践教学活动是在社会中进行的。这就对学校的组织整合工作有了较高的要求,需要学校能够充分利用社会环境和资源,尽可能多地建立各种类型的思政课实践教学基地,并且能够在实践中切实落实思想政治教育,达到实践教学的育人目标。为了贯彻落实好党和国家发布的文件精神,各高校提升了对思政课实践教学的关注度,近几年在基地建设上也取得了一定进步,但从调查情况来看,部分高校仍未能很好地结合学科特点、专业特色、学生状况和育人目标,建设出一批相当稳定的思政课实践教学基地,此在一定程度上制约了思政课实践教学持续性和连贯性的开展。

三、思政课实践教学组织管理规范性不足

对于高职院校思政课实践教学的组织管理情况,调查显示(详见表

---

① 陶利江:《论高校思政课实践教学深度体验的层次结构、制约因素及破解路径》,载《河南社会科学》,2020年第11期,第91~97页。
② 张彦:《新时代高校思想政治理论课实践教学的三大追问》,载《思想政治教育研究》,2019年第3期,第55~59页。
③ 陈钢主编:《高校思想政治理论课实践教学实用教程》,北京:高等教育出版社,2015年,第19~20页。

5-28),24.57%的师生(其中39.56%的教师,23.13%的学生)认为"组织管理一般,有制度但执行情况一般";3.41%的师生(其中14.84%的教师,2.32%的学生)认为"组织管理不到位,老师和学生的随意性很大";0.58%的师生(其中4.39%的教师,0.21%的学生)认为"没有组织管理制度,完全没人管"。其具体表现如下。

其一,思政课实践教学内容不规范。当前多数高校思政课实践教学缺乏统一的教学内容、教学方式、教学要求和教学目标等,往往是思政课教师依据课程内容自行开展实践教学,呈现出不同程度的自发性和随意性,难以形成统一的思政课实践教学体系。

其二,思政课实践教学组织不规范。自我封闭,思政课实践环节与学校的教育管理脱节,没有形成合力体系和可持续性。现今的思政课实践教学似乎仍然游离于价值观教育的规律之外,没有让学生最大限度地、真实地得到价值观的真实体验。[①] 高校只是根据教育部对于思政课的相关课程要求组织课堂教学实施,并没有根据实际教学情况及学生的需要设计有针对性、实践性的教学实践计划,教学实践活动的安排也较为随意。

其三,思政课实践教学统筹协调不规范。由于思政课下设不同的具体课程内容,由不同的教师担任教学任务,经常会出现实践活动的开展同时涉及几门课程的情况,而教师之间没能做到及时的沟通协调,在一定程度上影响了实践课程开展的效果。

四、思政课实践教学覆盖面不够

其一,目前大多数高校思政课实践教学主要还是以校内为主,在校外的覆盖面明显不足。高校设计与组织的实践教学活动,目前大多由学校自身负责,出于安全和经费等多方面因素的考虑,多数高校往往以校内的思政课实践教学活动来取代校外的实践活动,使得该课的实践教学活动缺乏社会力量的广泛参与和有效引领,从而无法获得良好的教学效果。

其二,高校在设置与组织思政课实践教学活动时多以一些常规性的活动为主,活动形式的全面性明显不够。实地参观、实地调研、助教锻炼和体验式教学是开展实践教学所采用的主要方式,高校往往容易忽略网络新媒

---

① 金林南:《论思想政治教育的公共性》,载《思想理论教育》,2012年第15期,第41~44,55页。

体中所蕴含的思想政治教育功能。新兴网络媒体是开展实践教学的强大助力,但是受到传统教学思维以及技术手段的束缚未能大面积地推行,导致教学的实践活动种类有限。

其三,思政课实践教学活动的参与主体受限于特定人群,难以大范围普及。当前高校开展的思政课实践教学参与主体大多是学生中的精英,学生的普及性较低,以受教育者"部分在场"取代"整体在场"。由于受到活动经费、活动场地和安全性等因素的影响,高校思政课实践教学要做到大学生的全员参与根本无法实现。有些高校虽然开设了思政课实践教学环节,但这些活动的开展,有些是实验精英教学的,有些是奖励优秀同学的,有些是追求宣传时"以点带面"的扩大作用的,有些是以新奇特的实践带来关注效应的,有些是在"树典型""做样板"。实践教学往往把教育对象缩小到一个便于"操作"的小范围,对于学生总体来说就像"蜻蜓点水"。①

---

① 高继国、张春和、程孝良:《高校思想政治理论课实践教学新模式的构建探讨》,载《国家教育行政学院学报》,2014年第4期,第63~67页。

第六章

新时代高职院校思想政治理论课实践教学的基本目标和主要模式

明确目标定位,探讨高职院校思想政治理论课实践教学基本目标。分析高职院校思想政治理论课的课堂实践教学、校园实践教学、社会实践教学、虚拟实践教学"四位一体"的实践教学模式。

第一节 新时代高职院校思想政治理论课实践教学的基本目标

高等院校肩负着立德树人、培养和造就担当实现民族伟大复兴大任时代新人的光荣使命,旗帜鲜明地办好思政课是其义不容辞的神圣职责。思政课兼具理论性和实践性双重属性,要办好这门课程,既需要努力在思想和理论深度上下功夫,还需要以行促知,充分发挥实践教学的育人作用。正如马克思在《关于费尔巴哈的提纲》中指出:"全部社会生活在本质上是实践的。凡是把理论引向神秘主义的神秘东西,都能在人的实践中以及对这种实践的理解中得到合理的解决。"[1]站在新时代的历史节点,思政课实践教学育人工作正发挥着越来越重要的作用,这就要求各高校准确把握新时代赋予实践教学的使命,着力推进思政课实践教学的改革创新。

---

[1] 《马克思恩格斯选集(第一卷)》,北京:人民出版社,1995年,第56页。

一、新时代高职院校思政课实践教学必须围绕高职院校人才培养目标来确立

培育时代新人是新时代思政课实践教学的根本目标。新时代背景下，中国高等教育面临着新的历史任务和新的历史使命。培养什么人、怎样培养人、为谁培养人是新时代我国高等院校思想政治工作需要解决的根本问题、核心问题。2019年3月，习近平在学校思想政治理论课教师座谈会上强调："加快推进教育现代化、建设教育强国、办好人民满意的教育，努力培养担当民族复兴大任的时代新人，培养德智体美劳全面发展的社会主义建设者和接班人。"习近平总书记的重要讲话为思政课实践教学提供了全新视角和时代内涵，成为新时代思政课实践教学的根本目标，有助于教师从思想认识上增强开展思政课实践教学的积极性和主动性。高等职业教育以培养生产、管理和服务于第一线的高技能人才为目标。高技能是把握高职特色的关键所在。这里的"高技能"包含两层含义：一是要求高职院校学生具有较强的、适应一线具体岗位或岗位群的专业技能；二是要求高职院校学生除掌握必备的专业技能外，还要具有比较丰富的专业理论知识和较强的技术攻关能力，为将来的可持续发展奠定基础。可以说，高技能具体体现为职业必备能力和可持续发展能力，而可持续发展能力才是最核心的"关键能力"。所谓"关键能力"是指"交往能力与合作能力、学习能力与思维能力、独立性与责任感、参与能力与承受能力、反省能力等"。思政课实践教学就是要培养学生的可持续发展能力。

二、新时代高职院校思政课实践教学内容必须针对高职院校学生的发展问题来确立

当前高职学生在其成长过程中或多或少地存在如下三个方面的发展问题：一是沟通能力和团结协作能力不足。当代高职学生成长经历使他们的价值取向过于自我，不仅缺乏沟通的意识，更缺乏沟通的能力，难以体会团队合作的快乐。二是诚信意识淡薄。高职学生中平时抄袭作业、假报贫困、考试舞弊、简历造假等失信行为时有发生，而他们对此不以为然，其漠视态度令人担忧。三是缺乏可持续发展必备的意志品质。意志品质主要表现在

一个人的自觉性、坚韧性、果断性和自制力等方面,而高职学生自主学习、自我发展的自觉性、坚韧性和自制力不足。

根据以上两方面的因素,高职院校思政课实践教学应确立的育人目标是:把社会主义核心价值体系融入高等职业教育人才培养的全过程,高度重视学生的职业道德教育和法制教育,重视培养学生的诚信品质、敬业精神和责任意识、遵纪守法意识,培养出一批高素质的技能型人才。那么,在确立实践教学内容上,就要以社会主义思想政治理论教育作为思想指引,突出以职业价值观、职业诚信品质、职业法律规范意识为主要内容的职业素养教育,针对高职学生生存发展的现实需要,加强吃苦精神、抗挫能力、沟通合作能力等基本社会能力的塑造。

第二节 新时代高职院校思想政治理论课实践教学的主要模式

实践教学是高职院校思政课教学中不可或缺的重要环节,其目的是引导、帮助学生在实践过程中加深对思政课课堂所学理论知识的理解,并在实践中不断提高运用马克思主义的立场、观点和方法分析问题与解决各种现实问题的能力。思想政治理论课实践教学模式是指依据思政课教学大纲要求在实践教学活动过程中形成的活动流程、运行机制、教学方式等标准范式。① 高职院校思政课实践教学存在的问题需要全方位思考,统筹课内与课外、校内与校外、虚与实相结合,探索构建课堂实践教学、校园实践教学、社会实践教学、网络(虚拟)实践教学"四位一体"的立体实践教学模式,具有非常重要的现实意义。

马鞍山师范高等专科学校从2008年起,坚持改革创新,对思想政治理论课进行全面规划设计,打破常规,将实践教学作为思想政治理论课的重要组成部分,与大学生实际、理论知识、专业素养有机统一起来。并且进行不断实践,不断完善,确定"3+3+n+e"思想政治理论课实践教学计划,初步形成了具有自身特点的课堂实践教学、校园实践教学、社会实践教学、网络(虚拟)实践教学"四位一体"的思想政治理论课实践教学模式,在全校的思想

---

① 沈步珍、罗锐:《马克思主义实践观对高校思政课实践教学模式建构的启示》,载《学校党建与思想教育》,2021年第14期,第62~64页。

政治理论课教学中,作为制度要求,纳入教学计划,全面使用。在学期开始,学校就制定好思想政治理论课实践教学计划,供思想政治理论课教师使用,并且向学生广泛宣传,提高他们的学习兴趣,激发他们参与思想政治理论课实践教学的积极性。第一个"3"是指每学期思想政治理论课校外实践教学活动有三次,根据不同的季节、不同的课程、不同的专业,教师与学生共同设计,共同实施。第二个"3"是指校内思想政治理论课实践教学立足于校内,运用校内教育资源以及身边的人和事,近距离开展思想政治理论课实践教学活动。"n"是指平时思想政治理论课课内实践教学活动紧密联系教学内容、大学生成长实际,以及当时的经济社会发展形势和热点问题。开展"新闻播报""小讲坛""面对面""焦点关注"等实践教学活动,及时增强思想政治理论课效果,增加大学生对思想政治理论课教学的参与度。在教师与学生共同建立的微信群、QQ群里进行网络实践教学。教师及时推送适合大学生阅读的文章和有关政策法规,师生随时互动,加深情感交流,把握学生的思想动态,增进大学生对思政理论的理解,促进他们成长、成才。[①]

一、课堂实践教学

新时代高职院校思政课教学要坚持主导性和主体性相统一,发挥好教师的主导性作用和学生的主体性作用。思政课实践教学是思政课教学内容的实践化、应用化的活动过程,校内课堂上的实践教学主要表现为四种形式:一是互动教学,包括教学互动,组织辩论、讨论,进行案例分析,师生共勉,老师寄语,师生沟通等;二是直观教学,通过现代多媒体的教学,如欣赏音乐、观看视频,给学生带来视觉的冲击、心灵的震撼,丰富了课堂教学内容;三是启发教学,预设问题,让学生有目的地学习理论,去探究真谛;四是体验教学,如主题演讲、典型示范。校内课堂上的实践教学着重于教学形式的多样化,以调动学生学习的积极性,产生学习的兴趣,培养问题意识。校内课堂上的实践教学具有开放性,牵涉面小,容易操作,必须作为思政课实践教学的立足点,尽最大的努力去求得实效。教师在思政课教学中的主导性作用,要求教师必须做到主流意识形态的指导、科学思想的引导、教学工

---

① 喻长志:《新时代高职高专思想政治理论课实践教学模式初探——以马鞍山师范高等专科学校为例》,载《滁州学院学报》,2019年第4期,第133~136页。

作的领导、学生精神成长的向导。① 思政课教师应负责整个实践教学课程内容的安排和开展,并根据教材内容,回应学生高度关注的社会热点问题,设计不同的实践活动主题,让学生带着问题去学习与思考。思政课教师在教学的过程中应结合"00后"学生的成长规律与特点,以学生的精神需求为出发点,把思政课讲台分一半给学生,让学生尽情发挥自身主体性作用,激发他们内在的学习动力,培养自主学习能力。譬如,每堂课前5分钟设计"新闻播报""焦点关注"等实践活动,让学生通过新闻内容了解时事政治,养成关注国内国际形势的习惯,以开阔眼界,丰富见识。在课中,思政课课堂实践教学可以设计主题辩论、演讲、小话剧、诗词朗诵、情景模拟、热点问题讨论、师生角色互换等活动,"把话筒交给学生",改变教师"独霸讲台"的平面格局,让学生成为课堂的"主角",提高学生学习思政课的主动性与参与性,增强学生对思政课的获得感与满意度。在课后,教师可以通过微信公众号平台发布社会热点话题,学生可以随时针对该话题作出自己的评价。只有充分发挥教师的主导性和学生的主体性,做好师生协同,才能使思政课教与学实现知、情、意、行的统一,最终实现教学效果和学生获得感的提升。

以马鞍山师范高等专科学校为例,该校将思想政治理论课课堂实践教学活动作为常规性活动,随机进行。每一节课都有实践教学的主题,实践教学主要以互动、问答、讨论的方式进行。必要时用小品、检测的方式进行。这种实践教学活动短小精悍、生动活泼,既能调动大学生探究学习的热情,又能活跃课堂气氛,避免出现教师一言堂、学生"一片倒"(睡觉、看手机)的尴尬现象。而且这种课内实践,既有准备好的主题,又有及时添加进去的新鲜话题,这就要求教师要广闻博识,有较强的课堂把控能力。让"大道理"在"小实践"中得到具体诠释,让科学的理论"入脑""入心"。如在进行社会主义核心价值观关于"诚信"教育时,开展手机资费调查、寝室水电费分摊情况调查,用身边的事教育身边的人。思想政治理论课课堂实践教学容易组织,与课堂内容、个人实际联系紧密,频率高,条件少,效果好,是增强思想政治理论课教学效果非常好的方式。②

---

① 党锐锋:《思想政治理论课改革创新的主导性和主体性相统一研究》,载《思想理论教育导刊》,2019年第7期,第84~87页。
② 喻长志:《新时代高职高专思想政治理论课实践教学模式初探——以马鞍山师范高等专科学校为例》,载《滁州学院学报》,2019年第4期,第133~136页。

二、校园实践教学

社团活动是高职院校思政课实践教学的重要载体,依托社团活动的不同特点与优势,将思想政治教育主题融入社团活动,使课上理论讲授与课下实践活动相互融合,对于增强思政课实践教学的实效性,促进大学生社团健康发展具有重要意义。首先,充分发挥理论学习型社团的核心作用,提升大学生的思想素养。理论学习型社团的宗旨是宣传党的理论知识,通过丰富多彩的活动形式,使深奥、抽象的理论知识变得通俗、生动,便于学生理解与接受。比如,思政课教师可以引导学生结合社会热点、难点问题以板报、演讲、辩论、小品等喜闻乐见的活动形式进行理论宣传,充分发挥理论学习型社团的教育功能,以丰富多彩的活动吸引学生参与,使其成为思想政治理论课的延伸。其次,注重发挥公益服务型社团的实践服务导向作用,提高大学生的道德素质。公益服务型社团的宗旨是奉献爱心,服务社会,主要通过社会调查、社会服务、奉献爱心等形式开展活动,关注孤残儿童、孤寡老人等社会弱势群体,关注社会经济发展及社会热点问题,有助于培养学生团结互助、乐于奉献的精神,培育学生优秀品格。比如,依托青年志愿者协会组织"地球一小时""荧光夜跑"及"低碳生活"进社区宣传活动,提高学生的环境保护意识,增强学生的社会责任感。思政课教师可以将社团成员参与活动情况记录在册,给予加分奖励,并将其纳入思想政治理论课实践教学考核体系。最后,注重发挥专业知识型社团的就业导向作用,培养大学生的职业道德与职业精神。专业知识型社团旨在培养专业技能与专业素养,促进大学生理论联系实际,提高大学生的实践创新能力。思政课教师可以联合专业知识型社团成员,开展以职业道德、职业精神为主题的实践活动,使二者相互融合、相互促进。此外,还可以组织大学生参加文体活动型社团及各类其他社团,提升大学生的综合素质与能力,达到立德树人的目的。以校园文化建设为主要特征的校内社团活动,只有符合思政课教学内容,才能有利于真正意义上的课外校园内的实践教学。而且课外校园内的实践教学成本较低,容易组织,必须作为思政课实践教学的侧重点,用最好的形式去收获实效。其责任主体应该是学工部和团委,由学工部和团委具体组织实施,任课教师及其他有关部门全力支持。

以马鞍山师范高等专科学校为例,校园实践教学也是大学生喜欢、组织起来比较方便的实践方式。高校一般面积比较大,专业门类比较多,学生人数也比较多。往往学生们对本系、本专业的情况了解比较多,而对此以外的情况知之甚少。高校具有丰富的思想政治教育资源,理所应当立足于高校校园,开展思想政治理论课的校内实践教学活动。如了解校史校情,参观校史陈列馆,邀请老校友、老教师做创业发展的历史方面的讲座报告等,激发大学生爱国、爱校激情,追求真理,崇尚科学,把个人发展与专业需求以及社会的期望有机统一起来。譬如"思想道德与法治"校内思想政治理论课实践教学,可以设计学雷锋志愿者活动,利用校团委、学生会组织的"青春论坛",开展"为什么要学雷锋""怎么样学雷锋"等具有鲜明时代特色的讨论活动,帮助大学生明辨是非、弄清道理,引导大学生从身边的事情做起,打扫干净自己的教室、寝室、实训室,帮助打扫公共区域的卫生,树立"我为人人,人人为我"的理念。为了让男女同学相互促进,特意组织男生代表检查参观女生寝室、女生代表检查参观男生寝室,同学们之间增进了了解和友谊。让大学生了解本专业以外的其他专业,组织学前教育专业的学生参观服装设计专业的成果和实训室,参观旅游专业的中国茶文化实训室。组织旅游英语专业的学生亲身体验食品加工技术专业的西式糕点的制作、焙烤全过程。组织学生到校电视台参观新闻播报制作过程,自己上镜,制作《新闻播报》节目,提升参与《新闻播报》的积极性,以及选稿、编辑、播音的水平与对社会问题的评价能力。思想政治理论课校内实践教学活动,不仅距离近、成本低,时间灵活机动,不牵涉调课等环节,而且效果较好,深受教师和学生的欢迎。①

三、社会实践教学

社会实践是思政课实践教学的重要内容,也是思政课实践教学的必要形式,其具体内容包括参观学习、社会调查、生产劳动、社会服务、工作实习等实践活动。这是一种更能体现实践教学目的取向、内涵定义和功能特征的实践形式。就活动内涵而言,社会实践是改造和实现客体价值的活动,而思政课实践教学是旨在改造和优化主体能力的活动。红色资源蕴含着丰富的中华优秀传统文化,承载着中国共产党波澜壮阔的革命史、艰苦卓绝的奋

---

① 喻长志:《新时代高职高专思想政治理论课实践教学模式初探——以马鞍山师范高等专科学校为例》,载《滁州学院学报》,2019年第4期,第133~136页。

斗史,是思想政治教育的鲜活教材。习近平总书记曾多次强调,要充分发挥红色资源优势,弘扬红色传统,激活红色基因。新时代高职院校要因地制宜挖掘地方红色资源,把红色资源和思想政治理论课实践教学相结合,增强思政课教学的感染力和实效性。一方面,各地方高职院校应立足于省情,结合"00后"学生的特点,整合省内周边红色资源,建立红色文化教育基地,将红色文化教育实践活动常态化、规范化。充分利用地方红色资源,发掘红色资源蕴含的思想政治教育价值,建设思政课实践教学基地,定期组织学生到实践教学基地开展活动,帮助学生了解中国共产党为挽救民族危亡,谋求翻身解放,不屈不挠的奋斗史,学习革命先辈对革命事业矢志不渝,不惜英勇献身的大无畏精神,将其内化为自身的行动,增强思政课教育的实效性。另一方面,高职院校可借助于本土红色资源的优势,以历史人物、历史事件纪念日等为切入点,广泛开展主题鲜明、富有特色的革命精神教育活动。可组织学生参观伟人故居等,追寻伟人足迹,了解革命文物、历史人物与事件背后的感人故事和价值内涵,塑造学生艰苦奋斗的精神,培养学生的爱国主义情怀。虽然课外社会实践教学成本较高,存在一定的安全隐患,但必须将其作为思政课实践教学的着力点,花最大的力气去争得实效。其责任主体应该是教务处,由教务处具体牵头实施,任课教师及其他有关部门紧密配合。

以马鞍山师范高等专科学校为例,其实施"6+2"全学年思想政治理论课实践教学整体模块。为了避免寒暑假社会实践活动流于形式,发挥其育人功能,马鞍山师范高等专科学校把学期思想政治理论课实践教学与寒暑假社会实践有机结合起来,由思想政治理论课教师与学工部门、辅导员共同实施。"6"是指每个学期各三次的校内外社会实践教学活动;"2"是指寒暑假活动,寒假主要开展以孝老爱亲、传承中华优秀传统文化与美德为主题的社会实践教学活动,暑假则以家乡或某一区域社会调查为主题,针对一些热点问题开展调查,活动的成果及时在网上呈现。这样使思想政治理论课的效果在学校以外得到延伸,从实施的情况来看,效果较好。安排好三次校外实践教学,譬如"毛泽东思想和中国特色社会主义理论体系概论"课,其中一次校外实践教学活动,是进行社会主义先进文化实践教学,结合当地经济社会的改革发展成就,参观市容市貌、考察现代化企业或绿水青山的社会主义新农村建设,就近取材。这样既能把教学内容有机融入实践,思考发展的根本原因和内在动力,又能让学生走进新鲜的环境,激发灵感和生活学习的热情。另一次校外实践教学活动是结合中国特色社会主义的总体布局这个主题,组织大学生到学校附近的博物馆、纪念馆、烈士陵园、文化基地、红色旅游基地,接受革命文化、中华优秀传统文化的熏陶,接受社会主义核心价值观的教育。还有一次校外实践教学活动是结合所学专业,以职业理想、职业道德和职业规划为主题的"双实践"活动,思想政治理论课实践教学与专业实践教学相结合,发挥思想政治理论课实践教学和专业实践教学"双基地"的作用,让大学生置身于未来所要从事工作的现实环境中,接受职业道德教育、职业操守教育以及相关的职业能力初步教育,使思想政治理论课接地气,切切实实与专业紧密挂钩。三次校外实践教学活动可以根据实际情况调整次序。在实践教学中,让学生自己组织,发挥班集体作用,教师给予必要的指导,培养大学生的团队意识和民主意识,设计方案并上报给教师审批、租车、住宿、就餐、与旅游公司洽谈等,都由班集体自己完成。在活动进行的过程中,根据大学生喜欢新媒体的特点,让他们把所见所闻用随手拍的方式,传到微信群或 QQ 群。集体讨论见闻后的所思所想,以 600 字左右的文章的形式呈现出来,选择优秀者,发表在马鞍山师范高等专科学校思想政治工作专用微信公众号"思政之窗"上,供大家共同探讨。①

四、网络(虚拟)实践教学

在新媒体条件下,各种信息网络平台被广泛使用,高职院校要充分利用好这一教育阵地,为人才教育工作服务。

一是建设高职院校思想政治理论课虚拟实践教学网站。随着互联网的广泛普及,高职院校智慧校园建设的步伐也不断加快。高职院校思想政治理论课虚拟实践教学网站建设要充分发挥学生的主体作用,让学生同教师一起成为网站的开发者、使用者和维护者。在网站设计方面,除了包括用户登录、常用链接等常规内容,还要包括虚拟实践教学过程中的学习任务发布、主要教学资源上传与下载、学习成果展示、分数录入与查询等内容。

二是开发高职院校思想政治理论课教学网络游戏。开发高职院校思想政治理论课教学网络游戏,以寓教于乐的形式,激发学生的学习激情,提高学生的学习兴趣。高职学生知识积淀比较薄弱,动手能力强,贪玩心重,多

---

① 喻长志:《新时代高职高专思想政治理论课实践教学模式初探——以马鞍山师范高等专科学校为例》,载《滁州学院学报》,2019 年第 4 期,第 133~136 页。

数玩过网络游戏,少数沉迷于网络游戏。因此,设计思想政治理论课教学网络游戏,可以破解传统实践教学的困境,通过游戏这种较为轻松的方式引导学生学习相关理论知识。在设计游戏时,让学生在游戏中充当多重社会角色,在不同角色中感受不同的担当与使命,从而培养学生的社会责任感。在游戏过程中,通过对关卡的挑战,磨炼学生的意志,挑战成功与否及时反馈。这些挑战其实就是知识点,因而通过网络游戏能够加深学生对教学内容的理解与把握。

三是开发高职院校思想政治理论课手机 App。当前智能手机已基本普及,开发设计适用于高职学生思想政治理论课学习的手机 App 十分必要。在开发手机 App 过程中,需把握以下几个要点:第一,适用度。页面功能设置既要体现课程教学内容,还要与学生日常学习生活紧密相关。第二,体验感。感官体验、情感体验都要关注到,这样学生才会在愉快的感官体验的基础上建立良好的情感体验,从而持续使用手机 App。第三,互动性。学生与学生之间、学生与教师之间、教师与教师之间通过手机 App 可以随时随地互动交流。另外,手机 App 还应有信息查询功能,以便学生及时接收教师发布的学习任务,以及查阅教师的课件与作业批复、作业成绩等,从而最大限度地吸引学生参与到课程学习中来。

四是建设高职院校思想政治理论课虚拟实践教学平台。开展虚拟实践教学教室内要配备齐全的虚拟实践教学设备,如教师用机、学生用机、教学资源系统、3D屏幕、3D眼镜、教学控制平台等。教室内既可以有局域网,也可以接入外界网络,教师通过教师用机将实践教学任务发送到学生用机,学生利用学生用机完成实践教学任务并提交结果。学生还可以依据教师提出的实践教学要求,在虚拟空间(如虚拟展览馆和科技园,以及资源库)进行参观,通过图文并茂、立体生动的场景与画面,获得身临其境的效果。

五是构建高职院校思想政治理论课虚拟实践教学考核机制。构建高职院校思想政治理论课虚拟实践教学考核机制要做到"三个结合"。第一,过程性评价与结果性评价相结合。过程性评价主要了解学生阶段性收获与虚拟实践教学过程中的状态和感受,以便修正调整虚拟实践教学方式方法。结果性评价主要看学生通过虚拟实践教学是否加深了对理论知识的认知,是否将学习成果转化为实际行动。第二,学生评价与教师评价相结合。教学过程是由相互依存的教和学两方面构成的。因此,评价不能只是教师评学生,还要让学生评教师与教学过程。第三,定量评价与定性评价相结合。定量评价就是通过量化指标进行打分评价。定性评价,不是简单的"好、中、差"评价,而是要对高职院校思想政治理论课虚拟实践教学的特点、规律、变化和实际效果进行总体描述,以促使教师调整教学行为,提高教学效果。①

使用互联网进行思想政治理论课实践教学,是马鞍山师范高等专科学校近年来十分重视的工作。一是打造学校官方媒体,形成覆盖全体师生的无形舆论媒体场。在办好学校网站和校广播电台、校电视台的基础上,用"中央厨房"的理念,融合资源,开通学校微信公众号、学校微博,以及校团委的微博、学生自律委员会的微信公众号。此外,为了加强思想政治工作,学校专门开通"思政之窗"微信公众号,与学校微信公众号及其他校内新媒体互联互通。二是学校党委与宣传部、思政部、学工部建立专门网络。思想政治理论课教师与所任教的班级建立微信群或QQ群,辅导员也在其中。三是积极发挥互联网作用。思想政治理论课教师经常与学生在微信群或QQ群内交流,及时推送有关时政热点新闻资料,或自己撰写文章,与学生谈人生,谈理想,谈对社会现象的看法。上课时遇到热点问题或需要查阅的知识点,师生可以一起即时上网搜索,然后进行讨论。学生通过互联网交作业或小论文,发送自己感兴趣的问题,与老师、同学讨论共同关心的热点问题。实践教学中,让学生发送实践中感兴趣的照片,作为素材使用。将学生优秀的小论文或作业放在"思政之窗"上发表。这样,思想政治理论课教学不再受课内课外、白天晚上、工作日与节假日的影响,而能随时随地进行,紧紧贴近形势和大学生实际,利用互联网移动手机终端,及时进行有效沟通,从而把思想政治理论课教学延伸到大学生生活、学习的方方面面。而且也并不因为思想政治理论课教学结束,而解散建立起来的微信群、QQ群,而是长期交流下去,即使学生毕业离开学校走向社会,也依然能得到母校的关心和引导。学校也能从毕业生反馈的信息里,掌握社会的需求和得到学校需要改进与加强的有关意见及建议,有着很好的溢出效应。② 目前马鞍山师范高等专科学校红色影院项目正在建设中,其中红色影院信息化设备采购、红色影

---

① 张有武、顾德龙:《高职院校思想政治理论课虚拟实践教学的价值、原则与路径》,载《教育与职业》,2020年第6期,第91~94页。
② 喻长志:《新时代高职高专思想政治理论课实践教学模式初探——以马鞍山师范高等专科学校为例》,载《滁州学院学报》,2019年第4期,第133~136页。

院桌椅供货与安装项目已完成招标,虚拟微课堂建设项目正在进行公开招标。

  总之,马鞍山师范高等专科学校不断创新思想政治理论课实践教学形式,构建了课堂实践教学、校园实践教学、社会实践教学、网络(虚拟)实践教学"四位一体"的思想政治理论课实践教学模式。围绕教学主题,"课堂实践教学"要求学生能"动"起来,注重师生互动、生生互动、学生与进课堂的"表演者"(社会知名人士)互动;"校园实践教学"要求学生能"做"起来,师生能依托校园现有教育教学资源,通过策划、设计、组织、实施等,学做一些具体的校园文化活动和模拟职场的活动;"社会实践教学"要求学生能"干"起来,学生能深入企业、农村和家乡等干一些力所能及的事务;"网络实践教学"要求学生"活"起来,充分利用QQ、微信、微博等新媒体,结合最新时政资讯,契合思政课教学需要,及时推送分享师生实践体验所得所想。实践教学形式的创新,实现了思想政治理论课实践教学与课堂、校园文化、社会、现代传媒手段的"四个结合",思政课实践教学的形式更加丰富多彩。

第七章

新时代高职院校思想政治理论课实践教学的运行机制和体系构建

本章从马克思主义理论、教育学、系统学、社会学等多学科理论出发,基于解决问题的逻辑,构建高职院校思想政治理论课实践教学运行机制。科学确定实践教学体系的内涵,建立高职院校思想政治理论课实践教学完善的目标体系、合理的内容体系和科学的考核与评价体系。

第一节 新时代高职院校思想政治理论课实践教学的运行机制

运行机制,是指在人类社会有规律的运动中,影响这种运动的各因素的结构、功能及其相互关系,以及这些因素产生影响、发挥功能的作用过程和作用原理及其运行方式,是引导和制约与人、财、物相关的各项活动的基本准则及相应制度,是决定行为的内外因素及相互关系的总称。思想政治理论课是对大学生进行思想政治教育的主渠道。实践教学是思想政治理论课的重要内容,是考量思想政治理论课建设成效的重要标准。[①] 从一定意义上讲,实践教学决定着思想政治理论课能否满足大学生成长发展的需要和期待,其运行机制是否科学有效,事关实践教学的成效。高职院校思想政治理论课实践教学是一项系统工程,目的是引导大学生将理论联系实际,促进大学生将知、行、信统一,其运行需要教务、学工、思政、财务、院部等部门的参

---

① 宋媛:《新形势下高校思想政治理论课实践教学创新研究》,载《思想理论教育导刊》,2016年第9期,第125~128页。

与配合,统筹实践教学目标、内容、计划、资源、规章制度、激励考核以及评估反馈等要素。只有各部门、各要素、各环节在系统中各自发挥功能和作用,才能保证系统正常运行并取得实际效果。因此,笔者认为,高职院校思想政治理论课实践教学运行机制就是根据实践教学的需要,由教务、学工、思政、财务、院部等部门建立起科学高效的组织架构,统筹推进实践教学工作的人财物各要素、各环节相互协调配合,发挥功能作用,确保实践教学活动正常开展,促进大学生将知、行、信统一的运行系统。目前,大部分高职院校思想政治理论课实践教学运行机制受传统教学模式的影响,创新能力不强,实践教学效果不佳。因此,针对高职院校思想政治理论课教学的实际,创新实践教学运行机制,实现实践教学与理论教学的完美融合,从而提升实践教学的针对性和实效性,是当前高职院校迫切需要解决的问题。

一、健全实践教学与理论教学一体化的制度保障机制

思想政治理论课实践教学开展的随意性源于实践教学相关制度的缺失。因此,高职院校应将思想政治理论课实践教学纳入学校人才培养方案,并根据国家对实践教学的要求,借鉴其他院校的成功经验和优秀成果,结合本校实际和专业特点,注重理论教学与实践教学的深度融合,创新和优化实践教学大纲与教学计划,制定和完善实践教学规程,推进实践教学的规范化和制度化。要打破教材文本体系,融通整合思想政治理论课课程教学内容,结合课程特点优选理论教学与实践教学的内容结合点,坚持问题导向,以项目任务为载体,科学设计满足学生差异性和个性化需求的实践教学内容,实施模块化实践教学。同时,充分利用网络线上配合,结合学生学习生活实际,打造互联网+实践教学平台,创设融教学内容、学习任务、资源信息、考核要求等为一体的实践教学空间,全方位、全覆盖地实施虚拟网络实践教学,传递社会正能量,强化与学生的互动交流,注重为学生解疑释惑,引导学生明辨是非,促进知、行、信统一。

二、建立大思政格局下协同思维的组织管理机制

提升思想政治理论课实践教学的实效性,促进大学生知、行、信的统一,还必须建立大思政格局下协同思维的组织管理机制。要健全校党委统一领导,动员鼓励社会参与,宣传、组织、教学、学工、财务、思政、各院部等部门协

同配合、齐抓共管的组织管理机制,确保思想协同、制度协同、人员协同、经费协同、校社协同,职权明晰、规范高效、持续有序地指导、组织、实施实践教学。

其一,要着力发挥高校党委的领导作用,形成党委带头抓思政课建设的领导体制和工作机制。学校党委要贯彻落实党中央关于新时代思政课建设的决策部署,切实重视和关注实践教学工作,加强实践教学的顶层设计和总体规划,重点解决实践教学体制性障碍和深层次矛盾等方面的问题。

其二,要发挥多部门的协调作用,形成合力育人的工作格局。各高校要着力构建起由校领导、教务处、学工处、财务处、团委和宣传部、招生就业办、后勤服务集团等部门积极配合组成的思政课实践教学领导小组,做到多部门协同配合,加强实践教学的质量监控和考核评价,并及时研究解决思政课实践教学中存在的突出问题。

其三,要发挥思政课教师的主导作用,这是提高思政课实践教学质量最直接、最有效的途径。思政课教师是实践教学的组织者,如果自身缺乏主导意识,则活动过程中很容易出现混乱局面,进而严重影响实践教学的效果。对此,习近平总书记在学校思想政治理论课教师座谈会上明确强调:"办好思想政治理论课关键在教师,关键在发挥教师的积极性、主动性、创造性。"各高校要切实加强新时代思政课教师队伍建设,积极组织开展思政课教师的专项培训工作,努力提高其业务能力和育人水平。

其四,要注重发挥学生社团的作用。学生社团作为高校自我教育、自我管理、自我服务的学生组织,在丰富学生的校园生活、锻炼学生的交往能力、鼓励学生参与社会实践等方面发挥着积极的作用。为此,马克思主义学院(思政部)要充分利用学生社团,可专门创设或辅助一个与思政课实践教学相关的社团,通过对其加强指导和扶持来实现"推动思政课实践教学与学生社会实践活动、志愿服务活动结合",[①]这一方面是对师资力量不足的有益补充,另一方面也可以增强学生主体的自我创新能力和实践能力,提升实践教学的质量和效果。

马鞍山师范高等专科学校创新实施"6+2"实践教学整体模块,构建了思政课实践教学和大学生社会实践耦合机制。为了避免寒暑假社会实践活

---

① 《中办国办印发〈意见〉:深化新时代学校思想政治理论课改革创新》,载《人民日报》,2019年8月15日第1版。

动流于形式,发挥育人功能,马鞍山师范高等专科学校把学期思政课实践教学与寒暑假社会实践活动有机结合起来,由思政课教师与学工部门、辅导员共同实施"6+2"全学年思政课实践教学整体模块。"6"是指每个学期各3次校外社会实践教学活动,每年组织活动共6次。"2"是指寒暑假2次实践活动;寒假活动主要是以孝老爱亲、传承中华优秀传统文化与美德为主题的社会实践教学活动;暑假活动是开展家乡或某一区域社会调查或针对一些热点问题开展调查,活动的成果及时在网上呈现。

三、完善常态化持续推进的资源投入机制

充足合理的资源保障是实践教学长效育人机制运行的根基。高职院校一是要拓展思维,着力建设涵盖思想政治理论课教师、党团干部、辅导员、校外专家、教学基地人员等的实践教学教师队伍,并注重思想道德、教学能力、理论水平等的培养和提高。二是要建立常态化专项经费投入机制,专款专用于大学生全员参与实践教学,推进实践教学的机制化和长效化。同时要拓宽经费来源渠道,充分调动社会参与的积极性,稳步建立由学校投入为主转变为学校和社会共同投入直至社会投入为主的多元化经费长效投入和运作机制。三是要充分挖掘地方资源,结合思想政治理论课实践教学的内容和社会需求,在互利共赢的基础上合作共建特色鲜明的多样化实践教学基地。

四、健全规范性和成效性相结合的考核评价机制

客观公正、科学合理的考核评价机制是提升实践教学质量和效果的重要保证。要紧紧抓住思想政治理论课实践教学思想政治教育这一首要目标和根本特性来设计评价指标体系。[①] 要建立健全规范性和成效性相结合的考核评价体系,坚持定性和定量相结合、思想评价和行为评价相结合、学生自我评价、教师评价和实践基地评价相结合来考核评价学生,注重参与表现、执行程度、所思所得和日常养成,纳入综合成绩评定;坚持规范性和成效性考核评价教师,并建立相应的激励机制,将考核结果与职称评定、工资绩效、评先评优、选拔任用等挂钩。同时,结合学校实际和社会需求,大力推行

---

① 徐家林:《长效机制建设:高校"思政课"社会实践教学的可持续性和常态化探讨》,载《湖北社会科学》,2013年第12期,第201页。

第三方社会机构评估机制。

以马鞍山师范高等专科学校为例,该校改革思想政治理论课教学考核评价方式。重视平时教学评价,重视实践教学评价,把过程性评价结果作为重点计入思想政治理论课总成绩。学期末的考核采取闭卷与开卷考试相结合的方式,闭卷主要考核应知应会的基础知识和基本理论,开卷考试主要考核运用所学理论,结合社会实践,提出自己的意见或想法,针对"毛泽东思想和中国特色社会主义理论体系概论"课或"形势与政策"课写一篇千字小论文,"思想道德修养与法律基础"课主要考查材料分析应用。课堂教学成绩、实践教学成绩、考试成绩按照"4、4、2"比例计入总分,学生不再是死记硬背,而是活学活用,把功夫用在平时,在平时的课堂教学和实践教学中受益,听进去道理,讲出来理论,思想政治理论课的效果大大增强。①

总之,创新思想政治理论课实践教学运行机制,提升实践教学的实效,对高职院校而言十分重要和紧迫。我们必须针对存在的诸多问题,扎实推进制度保障、组织管理、资源投入和考核评价机制的创新,充分发挥实践教学的应有作用,促进大学生知、行、信的统一。

第二节 新时代高职院校思想政治理论课实践教学的体系构建

思想政治理论课实践教学贯穿人才培养全过程,对人才培养至关重要。为培养适应市场需要的高素质人才,建立高职院校思想政治理论课实践教学体系,需要在教学理念、教学内容、教学方法等方面体现高职院校的独特之处。开展实践教学极为重要,与理论教学相比,实践教学具有地域性、开放性等特点,由于教学环境复杂、制约因素多,必须构建高职院校思想政治理论课实践教学体系,使其实效性得到切实提高,将理论与实践相结合,注重实践教学,提高实践教学质量。② 高职院校思想政治理论课实践教学体系的构建必须以学生思想道德素质的提高和综合职业能力的培养为根本出发点,深刻认识高职院校思想政治理论课实践教学的实践性、职业性和政治

---

① 喻长志:《新时代高职高专思想政治理论课实践教学模式初探——以马鞍山师范高等专科学校为例》,载《滁州学院学报》,2019年第4期,第133~136页。
② 吕春艳:《高职院校思想政治理论课实践教学考核评价机制探究》,载《大学教育》,2019年第3期,第131~133页。

性,科学确定实践教学体系的内涵,深入分析当前实践教学中存在的问题和不足,提出解决问题的指导原则和有效途径。高职院校思想政治理论课实践教学体系主要由思政课实践教学目标体系、思政课实践教学内容体系、思政课实践教学考核评价体系等方面构成。

一、建立完善的思政课实践教学目标体系

在实践教学的知识目标方面,为了更好地推动思政课实践教学的发展,高职院校领导对于思政课实践教学体系构建的重要性,一定要有充分的认识,切实改进思政课教学的方式方法,通过加强实践教学,不断完善思政课实践教学制度,加强思政课实践教学模式的顶层设计,提高学生对社会生活的感受,培养学生正确的价值取向。高职院校思政课实践教学目标体系是高职院校思政课实践教学通过实践教学活动所要实现的诸种育人目的与价值的有机组成,在高职院校思政课实践教学体系中起着定向导航的方向定位和引领作用。一般来说,高校思政课实践教学目标体系不但包括高校思政课的价值目标要求,而且包括通过实践教学巩固提升大学生的思政课知识理论认知,提高思政课理论性与实践性相统一能力的特殊目标要求。[①] 在高校思想政治理论课实践教学的目标体系方面,高校要充分地认识到思政课实践教学体系构建的重要意义,注重加强运用各种思政课教学的方式方法,持续健全思政课实践教学的组织管理制度,强化对思政课实践教学模式进行统筹谋划,引导大学生主动地选择正确的目标价值取向。基于"德育为先"理念,完善集领导、组织、督导、考核、研究等于一体的高校思政课实践教学制度和工作机制。基于"大思政"理念,形成"五个结合"的开放式高校思政课实践教学工作格局,即结合高校党群团学活动、专业实习实训、时事热点、社区精神文明创建活动、大学生社会实践统筹开展高校思政课实践教学活动。

二、建立合理的思政课实践教学内容体系

高职院校思政课实践教学内容是思政课实践教学目标的体现,是在高职院校实践教学过程中使大学生实践体验、实践领悟、实践锤炼、实践升华

[①] 李昌国:《论高校思想政治理论课实践教学体系的构建》,载《教育与职业》,2011年第36期,第155~157页。

与思政课理论教学内容相契合的理论知识。高职院校思想政治理论课实践教学主要有思想教育、政治教育和道德教育等方面实践教育内容。① 构建合理的思政课实践教学内容体系是高职院校提高思想政治理论课实践教学实效性的关键。因此,高职院校要结合大学生的实际情况及人才培养模式构建思想政治理论课实践教学内容体系,使思想政治理论课实践教学适应大学生的现实需求及思政课教学改革创新发展的趋势。高职院校思政课实践教学内容体系,要与思政课整体教学目标的需求相契合,对思政课各门课程的实践教学方案进行统筹设计。结合高职院校思政课教学内容,对高职院校思想政治理论课实践教学的教学内容、教学课时和教学形式进行相对固定,形成具有特色的高职院校思政课实践教学模式,构建科学合理的高职院校思政课实践教学内容体系。逐步探索高职院校思政课实践教学多元化教学模式,使思政课实践教学模式与校园文化建设相结合。

从实际需求出发,结合专业课程的内容,将思政课实践教学与专业实践相结合。一是结合高职院校思政课教学内容,构建科学合理的实践教学体系。加大资金投入力度,组织教师到企业调研,使得高职院校的思政课实践教学既有统一的学生考核标准,也有独立的评价体系。逐步完善教学模式,形成一套适合本校特点的规范化、常态化、制度化的思政课实践教学模式,并让这种模式获得师生的认可,逐步走向特色化,提高实践教学质量,促进学生职业道德素质的普遍提升。将高职院校思想政治理论课实践教学体系放在校内实践教学和课堂教学上,利用有限的资源,改善实践教学的薄弱环节。二是逐步探索高职院校思政课实践教学多元化教学模式,使教学模式与校园文化建设相结合。可以将高职院校思政课实践教学与校园论坛建设和团委组织的活动等联系起来,在高职院校学生的日常管理工作中,将思想政治工作不断渗透,在日常管理工作中,将学生对思想政治工作的认知不断提升。只有这样,思政课教师的实践教学才能够更加具有针对性,更加贴近学生,更加具有实效性。在高职院校中,有许多自发组成的群众团体,这些群众团体大多是学生根据各自的兴趣爱好而组成的,如学生社团等。高职院校思政课实践教学可以利用这些自发组成的群众团体,将实践教学模式渗透其中。这样,不仅会大大增强思政课实践教学效果,同时,也使团体活

---

① 欧勇芬:《高职院校思想政治理论课实践教学内容体系构建探析》,载《教育与职业》,2014年第5期,第139~140页。

动质量得到有效提高。因此,我们在校园文化建设的各个领域渗透思政课实践教学模式,实现实践教学模式的多元化发展。三是从实际需求出发,结合专业课程的内容,将思政课实践教学融入专业实践环节,在培养学生专业实践能力过程中,根据行业的职业道德素质要求有针对性地进行思政课实践教学。因此,要想将思政课实践教学融入专业实践环节,思政课教师一定要了解各专业实践教学计划,在相对独立的专业实践中融入思政课实践教学内容,实现专业教育与思政课教育的有机结合,提高思政课实践教学的实效性。同时,思政课实践教学还要与社会活动密切联系,不能够仅局限于校内文化建设之中。高职院校思政课教师要高度关注学生的社会实践活动,将思政课实践教学融入社会性活动环节,进而增强学生的社会责任感,提高学生的社会适应能力,促进高职院校人才培养目标的实现。基于"课程化"理念,构建实践教学的课程体系,即对每学期的"毛泽东思想和中国特色社会主义理论体系概论"课和"思想道德修养与法律基础"课的实践教学进行"三个相对固定",即"固定教学内容,固定教学课时,固定教学形式",从而形成"6+2"实践教学课程体系。

三、建立科学的思政课实践教学考核评价体系

目前高校思想政治理论课实践教学考核评价存在考核评价理念落后、考核评价主体一元、考核评价内容片面、考核评价标准模糊、考核评价方法单一等问题。① 考核评价体系是对高校思想政治理论课实践教学效果进行价值判断的体系,建立科学有效的考核评价体系是提高思政课实践教学效果、推进思政课教学改革的重要保障。构建高校思想政治理论课实践教学考核评价体系,应确立思政课多元考核评价主体、多维度考核评价目标,综合运用多种考核评价方法和技术,设计相应的考核评价指标及指标体系。② 高校不断创新教学考核评价方式,探索"442"思政课实践教学考核体系。③ 既重视平时教学评价,又重视思政课实践教学评价,把过程性评价结果作为

---

① 张琴:《完善思想政治理论课实践教学考核评价体系简论》,载《学校党建与思想教育》,2010年第17期,第46~47页。
② 魏凯、杨珊:《高职思想政治理论课实践教学基本问题探析》,载《教育与职业》,2015年第26期,第100~102页。
③ 喻长志:《新时代高职高专思想政治理论课实践教学模式初探——以马鞍山师范高等专科学校为例》,载《滁州学院学报》,2019年第4期,第133~136页。

重点计入思政课课程总成绩。一是把思政课实践教学的效果纳入"442"思想政治理论课综合考核评价体系。思想政治理论课的课堂理论教学、实践教学和期末考试等方面的成绩分别按4∶4∶2的比例纳入思政课考核总评,即课堂教学考核占40%、实践教学考核占40%、理论教学考核占20%,其中实践教学主要根据大学生对实践活动的参与、收获与效果、作品展示、学生自评、互评等,从实践活动的量与质两方面进行评判打分。二是构建思想政治理论课实践育人的内部考核评价体系。按照思想政治理论课"终结性评价与过程性评价、奖惩性评价与发展性评价、定性评价与定量评价、自评与他评等方面相结合"的原则,实行"多维度、多主体"的考核评价方法,注重考核评价大学生参与体验状况、分组讨论情况和现场展示情况等环节,考核评价分数可以由学生自评(5%)、学生代表各环节评价(75%)和教师综合评价(20%)三方面结合而成。三是思想政治理论课考核评价导向明显。大学生主要是学以致用、活学活用思政课理论知识,而不再是死记硬背书本上的条条框框,将主要精力用在平时,在日常课堂理论教学和实践育人过程中使大学生受益,以提升思想政治理论课的教学效果和大学生的获得感、满意度。

总之,加强高职院校思政课实践教学,构建科学的思政课实践教学体系,不仅有利于提高高职学生的创新能力和辨别是非的能力,也有利于全面提升高职学生的综合素质,为国家培养更多高素质的人才,使高职院校实现可持续发展。

第八章

新时代高职院校思想政治理论课实践教学的实施路径和应对策略

对于高职院校师生对深化思政课实践教学改革创新、提高思政课实践教学质量和实效的建议,调查结果如表8-1所示。88.22%的师生(其中90.11%的教师,88.04%的学生)认为"完善高职院校思政课实践教学环节的各项机制建设";71.15%的师生(其中88.46%的教师,69.49%的学生)认为"组织教师参加实践研修、社会调研和实践考察,提高教师的实践教学能力";55.43%的师生(其中83.52%的教师,52.74%的学生)认为"建立稳定的校外实践基地";53.75%的师生(其中78.07%的教师,51.42%的学生)认为"建立完善实践教学的管理、考核、评价体系";36.2%的师生(其中56.59%的教师,34.25%的学生)认为"上级单位对各高校进行实践教学工作的专项评估检查,以评促建";39.62%的师生(其中69.23%的教师,36.78%的学生)认为"整合实践教学资源";39.04%的师生(其中67.03%的教师,36.35%的学生)认为"拓展实践教学形式";2.31%的师生(其中3.3%的教师,2.21%的学生)认为"其他",如有的学生补充填写"开展思政问题的大讨论"。

表 8-1　师生对深化高职院校思政课实践教学改革创新、
提高思政课实践教学质量和实效的建议

选项	学生		教师		师生	
	小计	比例	小计	比例	小计	比例
A.完善高职院校思政课实践教学环节的各项机制建设	1671	88.04%	164	90.11%	1835	88.22%
B.组织教师参加实践研修、社会调研和实践考察，提高教师的实践教学能力	1319	69.49%	161	88.46%	1480	71.15%
C.建立稳定的校外实践基地	1001	52.74%	152	83.52%	1153	55.43%
D.建立完善实践教学的管理、考核、评价体系	976	51.42%	142	78.07%	1118	53.75%
E.上级单位对各高校进行实践教学工作的专项评估检查，以评促建	650	34.25%	103	56.59%	753	36.2%
F.整合实践教学资源	698	36.78%	126	69.23%	824	39.62%
G.拓展实践教学形式	690	36.35%	122	67.03%	812	39.04%
H.其他	42	2.21%	6	3.3%	48	2.31%
本题有效填写人次	1898		182		2080	

通过对目前高职院校思想政治理论课实践教学开展情况进行调研分析以及对高职院校思想政治理论课实践教学过程中出现的困境进行综合探析，笔者系统地从高职院校思想政治理论课实践教学的整体认识、队伍建设、规范管理、保障机制等四个方面提出增强高职院校思想政治理论课实践教学实效性和针对性的实施路径和应对策略。

第一节 提升高职院校思想政治理论课实践教学的整体认识

目前部分高校主管领导、教师、学生及社会各界都在不同程度上对高校思政课实践教学的观念与理念、重要性与必要性、内涵与形式等普遍存在认识上的偏颇,①认识不够统一和深入,在实际的教育教学中容易忽视实践教学环节,使得实践教学成为思想政治理论课的一个薄弱环节,因而影响并制约着思政课实践教学的有效持续开展。高职院校思想政治理论课实践教学的有效开展,需要高职院校领导的重视及相关职能部门的全力支持,教师和学生的足够重视与积极参与,以及社会各界的有效配合和支持。而认识程度的高低直接关系到各高职院校开展思想政治理论课实践教学的效果。因此,这就要求高职院校领导、教师、学生和社会各界等高职院校思想政治理论课实践教学主体整体提高对高职院校思想政治理论课实践教学的认识,充分认识高职院校思想政治理论课实践教学的重要地位和意义,这是开展好高职院校思想政治理论课实践教学的前提和基础。只要教育主管部门、高校领导、职能部门、思想政治理论课教师、大学生和社会各界都能够在思想上对于实践教学在思政课教育教学中的作用有足够的认识和把握,高校思想政治理论课实践教学一定会走出一时的困境,开拓新的局面。②

(一)深化提高对高职院校思政课实践教学的总体认识

实践教学是提高思想政治理论课实效性的重要途径。高职院校思想政治理论课实践教学的开展受到理论与实践多方面问题的影响,其中"教学观念""教学理念"具有基础性和前提性的意义。自高校思想政治理论课"2005年方案"实施以来,在积极探索高校思想政治理论课改革的过程中,虽然有关思政课实践教学活动持续推进,但是对思想政治理论课实践教学的重要性和必要性的认识还不深刻,对思政课实践教学内涵及定位等还存在一定的疑惑。因此,要更新观念,创新理念,彰显地位,深化对思政课实践

---

① 陈丽明:《对高校思想政治理论课实践教学的思考》,载《思想理论教育导刊》,2010年第2期,第70~72页。

② 汤艳:《高校思想政治理论课实践教学的问题和对策》,载《学校党建与思想教育》,2010年第10期,第52~53页。

教学内涵及定位的理解,进一步提升对高职院校思想政治理论课实践教学的必要性和重要性的认识。

1. 深化对思政课实践教学的观念、理念和地位的认识

一是更新观念。加强思想教育,树立高校思想政治理论课实践教学的正确观念,对于做好高校思想政治理论课实践教学工作至关重要。① "只管讲好思想政治理论知识、实践教学可有可无"等观点和看法是导致当前高校思政课实效性整体较弱的重要原因,这种认识使我们只顾撒播思想政治理论知识的"种子",但是缺少了让这些种子生根、开花和结果的重要"环节"即高校思想政治理论课实践教学功能的充分发挥。这样,就需要把固有的思想认识进行改进和提升,进一步提升和凸显高校思政课实践教学的地位和作用。高校思想政治理论课实践教学的有效推进关键在于进行思想政治理论课改革创新,而更新观念认识是实现高校思想政治理论课实践教学改革创新的前提。转换思维方式,更新知识观念,提高思想认识,深化高校思政课实践教学改革创新。由此,高校要扭转将高校思政课等同于简单知识传授的观念,牢固树立高校思想政治理论课的所有课程都要注重实践环节的观念认识,必须重视实践育人,强化实践教学在高校教育教学中的重要地位,②这是实现高校思想政治理论课实践教学创新的认识前提。③

二是创新理念。新理念引领高校思想政治理论课实践教学改革。创新理念是行动的先导,推进高校思想政治理论课实践教学改革创新应从人才培养的全新理念出发。高校思想政治理论课实践教学的主体——高校领导、教师、学生和社会各界等要更新教育教学理念,彰显思想政治理论课实践育人的地位和作用,构建和完善高校思想政治理论课实践教学有效良好的运行机制。④ 第一,树立"大思政课"理念。高校思想政治理论课实践教学是践行"大思政"理念的重要平台,凸显课堂的"小思政"走向社会生活的

---

① 董世明:《试论高校思想政治理论课的实践教学》,载《教育与职业》,2012年第20期,第158~159页。

② 杜秀娟:《高校思想政治理论课实践教学的障碍性因素分析》,载《教育与职业》,2011年第14期,第153~154页。

③ 王光秀:《关于高校思想政治理论课实践教学创新的思考》,载《学校党建与思想教育》,2011年第36期,第47~48页。

④ 周宇宏:《关于思政课实践教学有效性的探讨》,载《江苏高教》,2010年第4期,第68~69页。

"大思政"的必要性与重要性。① 第二,坚持促进学生全面发展的理念。高校思想政治理论课实践教学改革创新,要从促进大学生全面发展出发,进一步完善高校思想政治理论课实践教学体系。② 第三,树立"三全育人"理念。以"三全育人"理念指导高校思想政治理论课实践教学改革,建构以"三全育人"为主要方法的高校思想政治理论课实践教学新体系。"三全育人"理念把高校的教职员工、实习单位的管理人员以及大学生家长等均列进高校思想政治理论课实践教学体系,拓展了高校思想政治理论课实践教学的育人资源。"三全育人"理念将"全过程"育人作为关键点,这就需要高校把实践教学融入大学生的入学教育培训、学科专业学习、实习实训活动等学习过程,这必然促进高校思想政治理论课实践教学方法的创新。第四,树立主体性教育理念。高校思想政治理论课实践教学,应彰显高校教师的主导作用和大学生的学习实践的主体地位,更注重大学生的主体参与体验。③ 高校思想政治理论课实践教学把主体性教育理念引入实践教学过程,增强了大学生参与高校思政课的主动性、创造性,进而增强了高校思政课实践教学的实效性。④ 第五,树立公共性理念。对高校思想政治理论课实践教学的当前状况进行综合分析,高校思想政治理论课的教学理念呈现式微的倾向,仅仅将实践教学看作思想政治理论课课堂理论教学的辅助与点缀。很显然,要摆正高校思政课理论教学和实践教学的位置,高校思想政治理论课应彰显价值观教育的目标与教育要素协调统一等公共性理念,⑤注重大学生实践参与体验。

三是彰显地位。认识实践教学的地位和作用,是保证高校思想政治理论课实践教学有效实施的前提条件。⑥ 目前,一些高校对思想政治理论课实

---

① 蔡文成、张艳艳:《高校思想政治理论课实践教学的逻辑关系辨析》,载《思想理论教育》,2021年第7期,第66~71页。
② 张晓萍、徐颖:《新时代高校思想政治理论课实践教学改革路径探析》,载《马克思主义学刊》,2020年第4期,第71~76页。
③ 郑洁、代金平:《构建高校思想政治理论课实践教学新模式》,载《学校党建与思想教育》,2009年第4期,第45~47页。
④ 张毅翔:《思想政治理论课主体性实践教学模式初探》,载《思想教育研究》,2012年第6期,第48~51页。
⑤ 金林南:《论思想政治教育的公共性》,载《思想理论教育》,2012年第15期,第41~44,55页。
⑥ 陈其胜:《高校思想政治理论课实践教学:立论基础、现实困境、路径选择》,载《思想教育研究》,2012年第2期,第66~69页。

践教学的重要性和必要性仍然存在认识上的"失位",对实践教学认识不深、重视不够,仅仅停留在理论上认识其重要性,而并没有真正落实到行动上。高校要转变对高校思想政治理论课实践教学重要性的认识,改变重理论轻实践的观念,①正确认识实践教学在高校思想政治理论课中的地位。② 要认识到实践教学是高校思政课教育的内在要求,③是促使大学生达成从"知"至"行"转变的桥梁。高校思想政治理论课要注重立德树人和实践育人。高校思想政治理论课不应仅仅是简单的理论灌输而要重在实践。④ 高校领导和广大师生均应对实践育人在高校思想政治理论课中的突出地位有准确的把握。⑤ 因此,必须统一思想认识,加强广泛宣传,增强大学生对高校思想政治理论课实践教学的重视程度,使高校领导和广大师生充分认识其育人功能、突出地位和独特作用。⑥

2. 准确把握思政课实践教学的内涵

目前人们对高校思想政治理论课实践教学的内涵界定还存在不少模糊认识。⑦ 从高校思想政治理论课实践教学的实施过程看,我们既没有从操作层面解决好高校思想政治理论课实践教学如何开展的问题,更没有从认识层面把握好高校思想政治理论课实践教学的本质特征,使高校思想政治理论课实践教学相对于课堂教学而言呈现出"说起来重要,做起来次要,忙起来不要"的状况。将高校思想政治理论课的理论教学与实践教学进行割裂是错误的,而把校外开展社会实践活动与思想政治理论课实践教学等同对

---

① 张春和:《新时代高校思想政治理论课实践教学体系的探索与构建——兼论"2018新方案"基本要求的落实落细》,载《学校党建与思想教育》,2018年第17期,第55~58,62页。
② 李强:《高校思想政治理论课实践教学若干问题解析》,载《学校党建与思想教育》,2007年第3期,第31~32页。
③ 吴殿华:《对思想政治理论课实践教学的思考》,载《首都师范大学学报(社会科学版)》,2007年第5期,第25~127页。
④ 徐彦秋:《关于构建高校思想政治理论课实践教学体系的思考》,载《教育探索》,2013年第9期,第124~125页。
⑤ 张文学、叶芃:《武汉高校思想政治理论课实践教学调查报告》,载《学校党建与思想教育》(上半月),2008年第11期,第38~40页。
⑥ 王向志:《"三式"教学法在高校思想政治理论课实践教学中的运用》,载《思想理论教育导刊》,2016年第8期,第91~93页。
⑦ 颜加珍:《关于高校思想政治理论课实践教学的若干思考》,载《思想理论教育导刊》,2011年第2期,第68~70页。

待亦是错误的。①

对高校思想政治理论课实践教学的内涵认识上的不同和分歧,会对高校思政课实践教学的有序实施产生直接的影响。而对高校思政课实践教学的内涵的准确把握是克服认识局限的关键。因此,要突破认识上的局限性,正确界定高校思想政治理论课实践教学的内涵。基于学者们的研究,笔者把高校思想政治理论课实践教学的内涵界定为:高校思想政治理论课实践教学是以高校思政课课程目标和理论知识为依据,以教师主导下的大学生主体参与、体验的实践活动为形式,以激励大学生主动参与、思考为特征,注重引导大学生自主参与体验课堂内外、校园内外的多种实践活动,并促使大学生的思想与行为发生积极变化,树立正确的世界观、人生观和价值观,努力把大学生培养成为担当民族复兴大任的时代新人、社会主义事业合格建设者和可靠接班人的育人过程及方法。由此,高校思政课实践教学应该紧紧围绕大学生主体思想认识形成过程与特点来建构,准确把握高校思想政治理论课实践教学的内涵,推进高校思想政治理论课的实践教学和课程改革。

(二)提升各层面对高职院校思政课实践教学的认识

尽管我国高度重视高职院校思想政治理论课实践教学工作,但是各高职院校思想政治理论课实践教学现状不容乐观,绝大多数高职院校还存在对实践教学的认识不到位、②"口头重视、实际忽视,理论上重要、实践上放弃"③等问题,导致多年来我国高职院校思想政治理论课实践教学质量一直不高。因此,要提升高职院校领导、教师、学生和社会各界等层面对高职院校思政课实践教学的认识。

1. 提升高职院校领导对思政课实践教学的认识

高职院校领导注重对学校整体发展方向进行统筹把控。部分高校领导在不同程度上对思想政治理论课实践教学的重要性和必要性存在认识上的

---

① 张国顺:《大学生思想政治理论课供给侧结构性改革创新研究》,载《黑龙江高教研究》,2018年第7期,第154~157页。
② 张春和、谷建国:《构建高校思想政治理论课实践教学体系的思考》,载《思想理论教育》,2013年第21期,第60~63页。
③ 陈二祥、赖雄麟:《内涵—目标—原则:思想政治理论课实践教学理路探析》,载《江苏高教》,2013年第5期,第114~116页。

不足,从而在领导层面疏于指导,组织上疏于管理,未将思政课实践教学纳入课程体系,实施过程不规范,组织安排流于形式,实施效果大打折扣。① 开展高校思想政治理论课实践教学活动需要调动学校人力、财力、物力等多方面的资源。② 深化高校领导及有关职能部门对高校思想政治理论课实践教学重要地位的认识,是推进高校思想政治理论课实践教学运行的前提条件。只有提升高校领导对思政课实践教学的重要性和必要性的认识,才能提供系统的组织政策保障和充分的经费资源保障。③

提升高校领导层面的认识可以通过以下措施。其一,高校党委及其领导班子持续强化实践教学,增强落实立德树人根本任务的担当意识。高校领导应纠正对高校思想政治理论课实践教学的不正确认识,从培养"时代新人""建设者和接班人"的战略高度对高校思政课实践教学在创新人才培养过程中的突出作用进行准确把握。高校领导的思想认识直接影响学校相关职能部门对思政课实践教学的重视程度,这也是能否落实思政课实践教学体系的关键。④ 其二,结合实际贯彻落实国家有关思政课的政策文件要求,从高校的政策及文件方面保障实践教学的高质量发展。高校领导应把实践教学列入学校整体工作计划,制定相关实施细则和政策进行规范操作,保证实践教学顺利进行。⑤ 其三,从高校的组织管理而言,高校思想政治理论课实践教学的管理体系也体现着学校领导及职能部门对其重要性的认识。⑥ 高校要建立思政课实践教学的组织领导机制,成立高校思政课实践教学工作领导小组,做好思政课实践教学工作的顶层设计和谋划统筹工作。其四,加强思政课实践教学的队伍建设。高校应组织专兼职思政课实践教学的教

---

① 高继国、张春和、程孝良:《高校思想政治理论课实践教学新模式的构建探讨》,载《国家教育行政学院学报》,2014年第4期,第63~67页。
② 董世明:《试论高校思想政治理论课的实践教学》,载《教育与职业》,2012年第20期,第158~159页。
③ 陈丽明:《对高校思想政治理论课实践教学的思考》,载《思想理论教育导刊》,2010年第2期,第70~72页。
④ 张丽、贺彦凤、王桂枝:《高校思想政治理论课实践教学中存在的问题及对策》,载《教育与职业》,2012年第30期,第160~161页。
⑤ 张丽、贺彦凤、王桂枝:《高校思想政治理论课实践教学中存在的问题及对策》,载《教育与职业》,2012年第30期,第160~161页。
⑥ 高继国、张春和、程孝良:《高校思想政治理论课实践教学新模式的构建探讨》,载《国家教育行政学院学报》,2014年第4期,第63~67页。

师进行专业的定期培训、学习,保证实践教学顺利完成。① 要对思政课实践教学教师给予关心和支持。② 高校相关领导要认识到思想政治理论课实践教学的重要性,把握实践教学的重点,加大对实践教学的经费投入,为实践教学提供一定的资金支持。③ 高校应为思想政治理论课实践教学的教师提供良好的工作环境,支持和鼓励他们开展工作。④

2. 提高教师对思政课实践教学的认识

作为高校思政课实践教学工作的主体和主要组织者,教师对思政课实践教学问题的认识程度,是能否有效开展思政课实践教学工作的关键所在。因此,加强对相关教师的教育,提高他们对高校思想政治理论课实践教学工作重要性的认识是非常重要的。根据有关调研,一些教师对于思政课实践教学的重要性及其内涵的认识和把握比较肤浅,致使实践教学难以有序开展、流于形式。

提高对思政课实践教学的认识,高校教师要强化思政课实践教学的相关专项学习和领悟。教师不但要准确把握思政课实践教学的突出地位,而且应准确把握思政课实践教学的内在含义及其方式方法。⑤ 面对现实,高校教师必须转变观念,充分认识高校思想政治理论课实践教学的意义,确立思政课实践教学应遵循的原则,把握好思政课实践教学的环节,让大学生能在实践中充分体验,提升思想政治理论课实践教学的实效。同时,要培养教师在组织协调、宣传引导等方面的能力,持续提升教师组织开展思政课实践教学的胜任力。⑥ 不断加大对于相关实践教学实施方案的宣传力度,引导大学生提升对思想政治理论课实践教学地位的认识,积极探索高校思想政治理论课实践教学模式,并与学校各级党团组织、学工队伍及有关职能部门形成

---

① 张丽、贺彦凤、王桂枝:《高校思想政治理论课实践教学中存在的问题及对策》,载《教育与职业》,2012 年第 30 期,第 160~161 页。
② 罗海英:《谈高校思想政治理论课实践教学管理机制的建设》,载《教育探索》,2011 年第 6 期,第 121-123 页。
③ 刘晓蓉:《高职院校思想政治理论课实践教学路径探析》,载《现代职业教育》,2021 年第 47 期,第 16~17 页。
④ 张丽、贺彦凤、王桂枝:《高校思想政治理论课实践教学中存在的问题及对策》,载《教育与职业》,2012 年第 30 期,第 160~161 页。
⑤ 陈丽明:《对高校思想政治理论课实践教学的思考》,载《思想理论教育导刊》,2010 年第 2 期,第 70~72 页。
⑥ 杨增崒:《高校思想政治理论课实践教学的困境及突破》,载《思想理论教育导刊》,2016 年第 10 期,第 100~103 页。

工作合力。

3. 提高大学生对思政课实践教学的认识

大学生是高校思想政治理论课实践教学活动的主体,高校应该通过多种途径加强对大学生的教育,提高大学生对思政课实践教学工作的认识,①提高思政课的实践教学实效。调查显示,大学生对于高校思政课实践教学的认知程度并不很高。② 甚至部分学生对思想政治理论课实践教学存在一定认识上的误区。部分学生认为只要期末思政课考试过关就万事大吉,对思想政治理论课实践教学活动的参与缺乏动力。③ 部分高校的大学生参与缺乏广泛性,在一定程度上削弱了高校思想政治理论课实践教学预期应该达到的效果。④ 大学生作为受教育者,把高校思想政治理论课的理论知识内化成大学生的思想,只有借助于引导大学生参与体验方可实现实践外化,以促进大学生的知与行的统一,⑤使其能够对高校思想政治理论课有更加正确的认识,从而提升对实践教学的重视程度。通过形式多样的实践教学,大学生将理论与实践统一起来,个人价值与社会价值统一起来。⑥

高校思想政治理论课实践教学是大学生完善和提升自我、关注和奉献社会的契机,在实践过程中使自己的思想和行为得到价值观的体验,进而实现"内化于心,外化于行"。⑦ 在提高大学生对实践教学的认识方面,注重使大学生知晓高校思政课实践教学关涉个人成长成才的重要价值,积极参与到实践育人中,提升认识、分析并解决问题的能力,从而获得良好的教育教

---

① 董世明:《试论高校思想政治理论课的实践教学》,载《教育与职业》,2012年第20期,第158~159页。
② 张文学、叶芃:《武汉高校思想政治理论课实践教学调查报告》,载《学校党建与思想教育》(上半月),2008年第11期,第38~40页。
③ 王向志:《"三式"教学法在高校思想政治理论课实践教学中的运用》,载《思想理论教育导刊》,2016年第8期,第91~93页。
④ 张文学、叶芃:《武汉高校思想政治理论课实践教学调查报告》,载《学校党建与思想教育》(上半月),2008年第11期,第38~40页。
⑤ 吴殿华:《对思想政治理论课实践教学的思考》,载《首都师范大学学报(社会科学版)》,2007年第5期,第125~127页。
⑥ 张文学、叶芃:《武汉高校思想政治理论课实践教学调查报告》,载《学校党建与思想教育》(上半月),2008年第11期,第38~40页。
⑦ 卢卫林:《高校思想政治理论课实践教学改革探讨》,载《教育评论》,2012年第4期,第81~83页。

学效果。① 高校在开展思想政治理论课实践教学时,应通过适当的诱因把激发大学生的兴趣及学习动机作为实践育人的切入点,以使大学生正确地把握思想政治理论课的精髓和要义。

4. 提高社会各界对思政课实践教学的认识

高校思想政治理论课实践教学是一项系统工程,除了党和国家高度重视和高校领导、师生提高认识,还需要社会各界提升认识和加大支持力度,以推进思想政治理论课实践教学的有效实施。而社会各界对思政课实践教学的支持力度,一定程度上取决于其对思政课实践教学活动的认知程度。由于社会各界对思想政治理论课实践教学的认识不足、理解不充分,思政课实践教学在开展中一直举步维艰。虽然近年来社会各界对于高校思想政治理论课实践教学的关注度在渐趋提升,中共中央宣传部、教育部等部门也制定了相关专项政策文件对思政课实践教学予以强调并提出了具体规定,但是目前社会各界对大学生思想政治理论课实践教学的支持力度还不够大,各高校在贯彻落实相关政策中尚有不足之处,在开发和建设实践教学基地方面出现了一些困难。高校思想政治理论课实践教学的有效开展有赖于社会各界的有力支持,而高校与社会企事业单位之间开展合作缺乏一定的保障机制,部分社会企事业单位怕麻烦,也担心增添额外的支出和负担,而高校的专项经费支持又相当有限,因此不易充分发挥社会各界的积极主动性和建立稳定持久的校企合作关系。高校思想政治理论课实践教学基地的开发和建设、实践情境的创设,需要社会各界的有力支持和积极配合。② 要借助于社会力量,积极争取社会各界对高校思想政治理论课实践教学的配合和支持,以形成工作合力,协同建设高校思政课实践教学的平台。③

高校要秉持"大思政课"理念,立足于校园,放眼社会,注重思政小课堂与社会大课堂有机结合,通过高校有关职能部门与城市的社区、农村的乡镇、企事业单位、红色文化教育基地、爱国主义教育基地、社会公益服务

---

① 陈丽明:《对高校思想政治理论课实践教学的思考》,载《思想理论教育导刊》,2010年第2期,第70~72页。
② 邱家洪:《试析高校思想政治理论课实践教学有效性及影响因素》,载《学术界》,2013年第S1期,第220~222页。
③ 黄警秋:《论"四位一体"高校思想政治理论课实践教学模式的构建》,载《高等农业教育》,2012年第6期,第60~62页。

机构和武装部队等地方社会资源加强沟通联络,[1]积极争取社会各界对高校思想政治理论课实践教学的配合和支持,充分挖掘和整合使用地方实践教学资源的优势,将思政课实践教学活动逐步拓展到大社会、大课堂,选择有教育意义及地方特色的合作单位,建立长期、固定的高校思想政治理论课实践教学基地。[2]

第二节　加强高职院校思想政治理论课实践教学的队伍建设

在加强高职院校思想政治理论课实践教学过程中,建立一支专业结构合理、理论功底深厚、综合素质精良的师资队伍是提高高职院校思想政治理论课实践教学实效的关键所在。目前高职院校思想政治理论课缺乏实践教学的具体内容,其本质是缺乏长于思想政治理论课实践教学的教师,或者是习惯于理论教学的教师缺乏实践教学的经验和能力。强化高职院校思想政治理论课实践教学实效性的关键在于思想政治理论课教师对实践教学的设计、组织和指导。因此,提升思政课教师的实践教学能力是提高思想政治理论课实践教学实效性的重要条件。当前要强化高职院校思想政治理论课实践教学的实效性,就应该为思政课教师创造良好的学习工作环境。只有调动高职院校思想政治理论课教师的主动性,发挥他们的主体性和与时俱进不断培训学习等,才能提升思政课教师的实践教学能力,提高思想政治理论课实践教学的实效性。高职院校思想政治理论课实践教学需要配备一支数量足、素质高且专兼结合的师资队伍。

(一)为思政课教师提供良好的工作环境

高职院校应为负责思想政治理论课实践教学的教师提供良好的工作环境,支持和鼓励他们开展工作。

一是设立思政课实践教学专项资金。设立思政课专项资金,提供经费

---

[1] 谭俊杰:《论高校思想政治理论课实践教学的有效性》,载《教育与职业》,2011年第14期,第155~156页。

[2] 汤艳:《高校思想政治理论课实践教学的问题和对策》,载《学校党建与思想教育》,2010年第10期,第52~53页。

保障是推进高校思想政治理论课实践教学运行的重要条件。① 在国家对高校思想政治理论课实践教学加大资金投入的同时,各高校可以设立思想政治理论课实践育人专项资金,专门支持实践教学基地建设、学生实践教学活动、教师实践教学培训、社会考察等实践教学活动开展。②

二是建立思政课实践教学考核和激励机制,科学地核算教师实践教学工作量。为了激励广大思想政治理论课教师对实践教学加大投入,提高实践教学的功效,各高校要制定思想政治理论课实践教学的指导教师管理办法、工作量计算办法等制度,科学核定思想政治理论课教师实践教学的工作量,给予相应的实践指导工作量补贴,制定奖惩措施。适当提高实践教学工作量计算标准,激励教师对实践教学加大投入,确保实践教学效果。③

(二)加大对思政课教师实践教学能力的培养力度

加强教师培训,提高教师实施实践教学的能力和综合素质,是提升思想政治理论课实践教学质量的关键。提升任课教师的指导作用和指导能力是做好思想政治理论课实践教学工作的重要基础。④ 思想政治理论课实践教学指导教师应有较高的思想政治素质和较强的思想政治教育能力,特别是较高的实践教学素质和较强的实践教学能力。当前高校思想政治理论课实践教学的深度发展仍存在部分教师缺乏胜任力的问题。⑤ 思想政治理论课教师要积极地参与社会实践,提高实践教学指导水平,从而更好地促进思想政治理论课实践教学改革,提高教学质量。

提升高校思想政治理论课实践教学教师队伍指导实践教学能力和水平。教师如果没有一定的组织能力和协调能力,同样不能胜任思想政治理论课实践教学工作。要提高思政课实践教学效果,思政课教师就必须具有

---

① 曾令超:《高校思想政治理论课实践教学探究》,载《思想理论教育导刊》,2009年第10期,第67~70页。
② 沈万根:《关于高校思想政治理论课实践教学运行机制创新的思考》,载《思想教育研究》,2017年第1期,第63~66页。
③ 孙由体:《构建高职思想政治理论课实践教学长效机制的新思考》,载《思想理论教育导刊》,2013年第3期,第107~110页。
④ 刘湘顺:《高校思想政治理论课实践教学模式创新探究》,载《学校党建与思想教育》,2012年第14期,第57~58页。
⑤ 杨增崒:《高校思想政治理论课实践教学的困境及突破》,载《思想理论教育导刊》,2016年第10期,第100~103页。

较强的实践教学能力。在提升对思想政治理论课实践教学认识的基础上，教师要提高组织开展实践教学的胜任力。任课教师认真负责是思想政治理论课实践教学取得成效的重要基础。教师态度是否端正、认真，直接决定着思想政治理论课实践教学的实效。在思想政治理论课实践教学过程中，教师要协调与学校其他相关部门的关系，协调和实践基地的关系。

高校要出台实施思政课实践教学指导教师实践教学能力培养方面的政策和措施，以提升教师的实践教学能力。高校要专门制定思想政治理论课实践教学指导教师实践教学能力培养政策，构建思政课实践教学教师的培训体系，采取鼓励和支持教师脱产进修、继续教育、外出培训、攻读深造、参观考察、参与国内外学术交流等举措，进行相关理论知识和实践技能的培训，提升教师的实践教学技能，使教师能够胜任高校思想政治理论课实践教学，[1]培养思政课实践教学团队的带头人和骨干教师。从学生需要与实践教学需要出发，高校可通过社会调研、参观访问、集中培训等方式对专兼职教师开展具有针对性的培训。鼓励教师到企事业单位实习或挂职锻炼，增强实践教学的素质和能力。探索师生实践教学一体化的运作模式，以加强思想政治理论课实践教学的教师队伍建设，使高校思想政治理论课实践教学的可行性从根本上得到保障，与学生实践教学相辅相成，相互促进。[2]

（三）打造"大思政课"实践教学队伍

思政课实践教学活动成功的关键在于建立一支相对稳定、师德高尚、有责任心、业务能力精湛、有活力的教师队伍。[3]目前师资力量很难在数量上满足实际教学需求，影响了思想政治理论课实践教学质量。因此，要有效开展思想政治理论课实践教学，构建出数量充足、结构优化、素质精良、专兼结合的"大思政课"实践教学师资队伍。

将高校思想政治理论课教师与辅导员两支队伍进行有效整合，加快"大思政课"师资队伍建设。从高校思想政治理论课实践教学的实际工作来看，

---

[1] 沈万根：《关于高校思想政治理论课实践教学运行机制创新的思考》，载《思想教育研究》，2017年第1期，第63~66页。
[2] 刘雪巍：《高校思想政治理论课实践教学新模式探究》，载《职教论坛》，2010年第20期，第18~19,22页。
[3] 吕志、刘小龙：《论思想政治理论课实践教学体系构成及其建设》，载《学校党建与思想教育》，2010年第16期，第42~43页。

着力提升思想政治理论课实践教学效果,实现"两个结合",在思想政治理论课实践教学中整合两个体系,把两支队伍结合起来,是最现实和有效的方法。① 在高校思想政治理论课实践教学系统中,思想政治理论课教师与辅导员作为实践教学教师具有特殊的地位和作用。实现思想政治理论课教师与学生政治辅导员的结合,强化思想政治理论课实践教学效果的组织体系保障。

第三节 加强高职院校思想政治理论课实践教学的规范管理

高职院校开展思想政治理论课实践教学活动对于提高大学生的思想政治道德综合素质和促进大学生全面发展发挥着尤为重要的作用。为提升思想政治理论课实践教学的实效性,要把思想政治理论课实践教学作为实践教学体系的重要内容。② 规范化更注重规范思政课实践教学的内容、形式、流程等,保证思政课实践教学顺利有序地开展。③

一、完善思政课实践教学的规章制度

有些高职院校思想政治理论课实践教学组织管理制度存在漏洞,导致其思想政治理论课实践教学出现权责不明、监管缺位、考核缺失的现象。在高职院校思想政治理论课实践教学的诸多过程环节中,有的职能部门消极怠慢,一个重要原因在于高职院校思想政治理论课实践教学的监督制度流于形式或缺失。高职院校思想政治理论课实践教学难以深入全面地开展,思想政治理论课的针对性和实效性也就无从谈起。针对当前一些高职院校思想政治理论课实践教学的开展呈现出的被虚化和弱化的状况,应当加紧制定出一套行之有效的制度。因此,要对现有高职院校思想政治理论课实践教学管理规章制度进行完善与补充。

建立健全科学而有效的规章制度是推动思政课实践教学有序、有效开

---

① 杨晓春、任家谨:《在两个结合中提升思想政治理论课实践教学效果》,载《学校党建与思想教育》,2013 年第 1 期,第 68~70 页。
② 李卫华:《提升思想政治理论课实践教学实效性的三个视野》,载《思想理论教育导刊》,2012 年第 6 期,第 69~72 页。
③ 谢璐妍:《高校思想政治理论课实践教学的"三化"研究》,载《思想理论教育导刊》,2017 年第 8 期,第 103~105 页。

展的有力抓手。思想政治理论课实践教学的良性运行有赖于有效的制度体系建设。① 为实现思想政治理论课实践育人规范化、系统化、长效化,要建立健全思想政治理论课实践教学组织、实施、评估、管理、保障等制度,使实践教学有据可依、有序推进。② 制度化为思想政治理论课实践教学的开展提供机制、经费等的硬性保障。③ 思想政治理论课实践教学制度,既包括学生在课堂内外的实践教学环节,又包括教师自身社会实践的条件保障等内容。高校要制定思政课实践教学制度,将思想政治理论课实践教学列入学校日常的教学计划和人才培养计划,规定实践教学的课时数,统筹谋划思想政治理论课实践教学活动,同时将思政课教师的社会实践活动纳入学校思政课实践教学制度,④使思政课实践育人规范化、制度化。科学有效的制度应包括高校应以法规的形式对思想政治理论课实践教学的机构设置、人员配备和经费投入等作出明确的规定、将思想政治理论课实践教学纳入学校总体规划和制度建设、规范实践教学的要求等方面。⑤ 因此不但要从宏观的角度对思政课实践教学具体经费投入、组织机构以及实施意见等进行有效的分析,还应当从微观的角度对教学大纲以及具体的实施程序进行确定。例如,从宏观的角度来看,需要建设的规章制度有《实施思想政治理论课实践教学的意见》《思想政治理论课实践教学领导小组的职责》《思想政治理论课实践教学总体规划》等。从微观的角度来看,需要建设的规章制度有《思想政治理论课实践教学大纲》《思想政治理论课实践教学经费管理办法》《思想政治理论课实践教学工作量计算办法》《思想政治理论课实践教学成绩评定标准》《优秀调查报告的表彰办法》等。

马鞍山师范高等专科学校近年来逐渐健全工作制度,将思政课实践教学纳入教学计划予以实施。该校明确思政课实践教学的主题、目标要求、过

---

① 周宇宏:《关于思政课实践教学有效性的探讨》,载《江苏高教》,2010 年第 4 期,第 68~69 页。

② 张艳丽、何祥林:《新时代增强大学生思想政治理论课获得感的思考》,载《中国高等教育》,2019 年第 6 期,第 43~45 页。

③ 谢璐妍:《高校思想政治理论课实践教学的"三化"研究》,载《思想理论教育导刊》,2017 年第 8 期,第 103~105 页。

④ 肖贵清:《论新时代思想政治理论课的制度化建设》,载《思想理论教育导刊》,2021 年第 4 期,第 98~104 页。

⑤ 罗海英:《谈高校思想政治理论课实践教学管理机制的建设》,载《教育探索》,2011 年第 6 期,第 121~123 页。

程方法、总结提升、成果展示等内容,使思政课实践教学从课程的总体规划至详细的课程安排计划,再至思想政治理论课实践教学的每项实践活动具体操作环节,都有比较规范的要求、完善的组织管理制度。每学年初,由马克思主义学院(思想政治理论课教学部)拟订思政课实践教学方案,报校党委审议通过后下发实施,教务部门核发思政课教师实践教学课时费用,财务部门安排预算和经费报销等。

二、建立思政课实践教学协同化管理运行机制

完善思想政治理论课实践教学管理运行机制是增强思政课实践教学实效性的重要保障。[1] 目前思想政治理论课实践教学缺乏统一的教学要求和成熟的管理机制,普遍存在教学安排不合理、教学组织管理不严格等问题。[2] 管理不到位使得思政课实践教学流于形式,致使其难以纳入正常教学轨道,因而也就缺乏稳定的经费保证。新时代思想政治理论课实践教学的效果日益引起人们的关注,如果不将思政课实践教学与必要的管理有机地结合起来,思想政治理论课实践教学的实效性将难以提升。因此,把思想政治理论课实践教学与管理相结合,对加强和改进思想政治理论课实践教学具有重要的意义。[3]

规范管理,加强监控,建立统一高效、组织完善的思想政治理论课实践教学协同化管理运行机制。建立科学合理的组织管理机制是思想政治理论课实践教学的组织和制度基础。[4] 要建立思想政治理论课实践教学层级管理体制,制定相关管理制度,加强思想政治理论课实践教学的日常管理。[5] 要想把思想政治理论课实践教学真正落到实处并取得成效,需要从管理上建立一套适应其特点的运行模式。职能部门密切配合是思想政治理论课实

---

[1] 罗海英:《谈高校思想政治理论课实践教学管理机制的建设》,载《教育探索》,2011年第6期,第121~123页。
[2] 袁久红、卢雷:《高校思想政治理论课教学质量提升的方法论自觉》,载《思想理论教育》,2017年第8期,第69~74页。
[3] 罗海英:《谈高校思想政治理论课实践教学管理机制的建设》,载《教育探索》,2011年第6期,第121~123页。
[4] 房宏婷:《试论思想政治理论课的实践教学》,载《黑龙江高教研究》,2011年第8期,第171~173页。
[5] 龙迎伟:《切实加强和改进高校思政课实践教学》,载《中国高等教育》,2016年第22期,第45~47页。

践教学取得成效的重要条件。思想政治理论课实践教学是一项系统工程,需要利用校内外各种资源开展教学活动,整合各种实践教学资源,形成思想政治理论课实践教学的合力。加强思政课教学部门与其他部门的紧密联系,协调它们之间的工作,形成协同效应。要建立完善的思政课协同化管理运行机制,就要把思想政治理论课实践教学纳入学校整体教学管理和政工管理的双重轨道。应成立思政课实践教学工作领导小组,由党委书记或校长担任组长,主管思想政治工作的副书记或分管教学的副校长担任常务副组长,由马克思主义学院(思想政治理论课教学部门)、宣传部等部门的负责人担任组员,领导小组及时解决思政课实践教学活动中的重大问题,出台相应政策,促进思政课实践教学各个环节、各项内容的协调发展;构建起思想政治理论课实践教学的完善的校主要领导统一负责,马克思主义学院(思想政治理论课教学部门)、宣传部、各院系等分工负责的协同化管理运行机制。①

三、实施有效的思政课实践教学评价方法

思想政治理论课实践教学考核评价机制是推进思政课实践教学的保障。目前,思想政治理论课实践教学难以推进的一个重要原因就是思政课实践教学考核评价机制尚不完善。现有的思想政治理论课实践教学考核评价机制主要针对学生而设,缺乏学生对教师的评价和监督制约。思想政治理论课实践教学的考核评价是实践教学过程中的重要环节,也是提高实践教学效果的内在要求。

创新完善思想政治理论课实践教学考核评价机制,建立健全思想政治理论课实践教学考核评价体系。思政课实践教学评价应从教师主导向师生分享转换。思想政治理论课实践教学的考核评价包括评价主体、评价标准、评价方法、评价客体等要素。构建思想政治理论课实践教学考核评价机制,要健全学校、教师、学生共同参与的评价主体队伍。②对于思政课实践教学,不同的学校会根据自身状况采取不同的形式来落实,部分学校会有针对性

---

① 李会先、李松林:《高校思想政治理论课实践教学的困境及对策》,载《思想教育研究》,2011年第10期,第35~38页。

② 李邢西:《高校思想政治理论课实践教学考核评价机制构建研究》,载《思想教育研究》,2017年第1期,第67~70页。

地成立教研室,由教研室承担思政课实践教学的整体任务,部分学校利用"马克思主义基本原理概论""毛泽东思想和中国特色社会主义理论体系概论""中国近现代史纲要""思想道德修养和法律基础"四门课程来分解思政课实践教学内容的成绩评定,从而掌握实践教学的实际开展状况。所以,应当在对不同学校思政课实践教学的开展方式进行全面考虑以后再选定合适的评价方法,针对各种思政课实践教学活动分析其评分比例,并基于分析的结果作出准确客观的评价。

四、创新高职院校思想政治理论课实践教学的方式

创新高职院校思想政治理论课实践教学的方式是一个系统工程。高校思想政治工作者要开拓创新,积极推进思政课实践教学工作的自主创新,此为深化思政课实践教学改革的重要突破口。要确保新时代思政课实践教学方式的创新,主要从思政课实践教学的内容、方法和载体三个方面进行。

(一)思政课实践教学内容要凸显新时代的主题

高校思想政治理论课要紧扣新时代重要的实践主题内容开展相应的专题实践活动。高校可以聚焦"中国梦"建设、社会主义核心价值观培育等日常重点工作。一方面,高校要广泛开展"我的中国梦"实践育人主题活动,引导大学生走出校园,在参加社会实践活动中深化对"中国梦"的认同,牢固树立理想信念,踏踏实实做事,为民族复兴大业贡献青春和正能量。另一方面,以社会主义核心价值观为引领并融入思政课实践育人过程,组织开展志愿服务、社区公益等形式多样的社会实践活动,引导大学生主动践行社会主义核心价值观。

(二)思政课实践教学方法要顺应新时代的发展

在高校思想政治理论课实践教学过程中,只有结合实际创新思政课实践教学的方法,才能使实践教学活动取得比较好的育人效果。新时代高校思想政治理论课实践教学要突破"满堂灌"的传统理论教学模式,持续摸索和探求契合新时代发展要求的思想政治理论课实践教学方法。各高校应紧扣新时代的形势需求,注重以思想政治理论课实践教学项目及生动而鲜活的富有时代气息的典型案例作为着力点,探求思想政治理论课实践教学和

大学生的社会实践活动、学生社团活动等实践活动的契合点,积极尝试和探索多种方式的思想政治理论课实践教学方法。比如,可以探索把新时代改革创新思想政治理论课实践教学的方法——虚拟现实法有效地融入高校思想政治理论课实践教学,这就需要准确地寻找虚拟现实法与高校思政课教学的连接点,并尽可能和思想政治理论课的教学理论体系、地方红色实践资源以及相关网络技术平台进行对接。

(三)思政课实践教学载体要彰显新时代的特色

新媒体对新时代大学生的思想、行为和高校思想政治理论课改革创新产生了深刻的影响、提出了新的要求,也为高校思政课教学和实践教学提供了新的教学条件、带来了新的启发。各高校需要顺应新媒体的发展,积极借助于新媒体的独特优势为高校思想政治理论课教学改革发展提供支持,将传统的思想政治理论课实践教学逐步拓展至虚拟网络空间,达成现实与虚拟的有效融合,以拓展高校思想政治理论课实践教学的新载体。在新媒体时代,高校思想政治理论课实践教学方式应根据新媒体的特征,在思想政治理论课实践教学资源、实践教学过程、实践教学评价等方面进行转换,以增强思政课教学的育人实效。① 因此,高校要积极推进高校思想政治理论课实践教学专题网站平台建设,着力建设思想政治理论课虚拟仿真实践教学资源平台,从而建造思想政治理论课数字化模拟实验实践教学中心,比如建设思政课红色文化VR(虚拟现象)/AR(增强现实)体验实践馆、思政课数字化革命历史博物馆等思政课实践教学场馆,把新媒体虚拟实践有机融入思想政治理论课实践教学,以推动高校思想政治理论课实践教学从"平面"至"立体",从"传统"至"现代",从"网下"至"网上",达成全员参与,进一步深化思想政治理论课的育人效果。②

---

① 许冠亭、王洁倩:《新媒体环境下思想政治理论课实践教学方式的转换》,载《学校党建与思想教育》,2017年第9期,第43~44,59页。
② 汤志华、廖青清:《新时代高校思想政治理论课实践教学创新研究》,载《思想理论教育导刊》,2019年第11期,第96~100页。

第四节　完善高职院校思想政治理论课实践教学的保障机制

只有完善思政课实践教学的保障机制,才能使思政课实践教学取得应有的实际效果。完善相应的保障机制,是确保思政课实践教学有效开展的必要条件。高校应重视实践教学在思政课教育教学中的重要地位,根据学校的人才培养目标、办学经费等实际情况,制定落实相关切实可行的政策措施,为顺利开展高校思想政治理论课实践教学,应建立完善学校层面相应的保障机制。

一、加大经费投入,保障实践教学顺利开展

思想政治理论课实践教学的顺利有效开展,离不开充分的经费予以保障。实践教学过程中一些实效性强、使用周期短的音像、图书等资料需要及时添置;对于思政课的参观考察等社会实践活动,需要提供足够的经费予以支持。要建立思政课实践教学专项资金账户。在开展思想政治理论课实践教学活动时,应当建设足够的硬件设施,可借助于计算机、电视、录像及投影等设备,从而使实践教学活动取得比较好的实际效果。与此同时,对于学校而言,其还可以通过合作办学以及教学赞助等方式对资金进行有效的筹措,还要充分利用各种社会力量,借助于各种先进技术,使与实践教学相关的活动能够更加顺利地开展,从而确保思政课实践教学能够得到有效的开展。为解决思想政治理论课实践教学经费问题,马克思主义学院(思想政治理论课教学部)要主动与校团委、学生处及各院系等密切合作,组织学生参加各种社会公益活动,并结合寒暑假学生社会实践活动,保证思政课实践教学的落实。

马鞍山师范高等专科学校统筹建立经费筹措机制,多元化解决思政课实践教学经费问题。高校思政课实践教学面临的一个重要制约因素就是活动经费问题。要全覆盖地开展思政课实践教学,经费需求较大,单靠学校的生均思政专项经费支持显然不够,需要学校设立思政课实践教学专项经费预算予以支持,作为受教育者的大学生,个人也需承担一定比例、力所能及的活动费用。例如,2019年暑期马鞍山师范高等专科学校组织了近300名大学生组成9支思政课社会实践小分队,以井冈山小分队为例,活动6天,学校派出3名教师带队,22名同学自愿报名参加。结束后,师生和家长都表示效果很好。3名老师的费用按照出差标准由学校报销,22名学生的包车

费、保险费、来回火车票费用由学校报销,学生自己承担住宿费和餐饮费。为了更好地推动思政课社会实践,马鞍山师范高等专科学校采取了学校出一点、学生负担一点、校企合作单位赞助、减免一点的多元化筹措经费机制,真正实现学校、家庭、社会协同推进思政课实践教学,让更多的大学生参与到社会实践中来,把立德树人的根本任务落在实处。给予实践基地必要的投入。大学生实践基地涉及建设、运行等有关费用,必要时还要考虑到活动的安全与效果,临时开工或停产会使基地增加一定的开支。给予大学生社会实践必要的专项补贴。因为大学生目前没有经济收入,而外出考察涉及旅游公司服务、租车、保险和有些基地的门票及必要的收费。由财政适当补助,有利于促进思想政治理论课实践育人活动的开展。①

二、加强基地建设,保证实践教学的规范性与稳定性

为了确保实践教学能够更加合理化、规范化,必须要选择符合自身发展需求的教学基地。应明确人才培养的具体要求及目标,再结合实际情况对教学内容进行有效的安排,还要根据学校的实际条件及学生的个人需求等,确保实践教学活动能够与教学目的相符,建立更加稳定规范、设施齐全、形式多样的教学基地。

要不断创新途径整合利用资源,可以重点建设中华优秀传统文化实践基地、革命文化实践基地、社会主义先进文化实践基地、社会调查实践基地、法治教育与道德情操体验基地、游览风光与陶冶情操基地等六类思想政治理论课社会实践基地。马鞍山师范高等专科学校根据高职院校学生的特点,结合思想政治理论课的实践教学要求,结合马鞍山市及周边实际,重点建设六类思想政治理论课社会实践基地。

一是中华优秀传统文化实践基地。此类实践基地旨在让学生体会中华五千多年的文明史。中华民族英才辈出,马鞍山地区人杰地灵,主要有新石器时期三大玉文化代表之一、距今有5300年以上历史的凌家滩文化遗址,长江流域早期人类发现地、距今已有25万年的全国文物保护地"和县猿人"遗址,西楚霸王项羽拔剑自刎的"霸王祠",三国东吴大将朱然及其家族墓葬,南北朝时周兴嗣的中华蒙学《千字文》文化园,唐代大诗人李白的陵园和采石矶太白楼,还有比较

---

① 喻长志:《高职高专院校思想政治理论课实践基地建设初探——以马鞍山师范高等专科学校为例》,载《安徽工业大学学报(社会科学版)》,2018年第1期,第74~75页。

集中展示传统文化的马鞍山市博物馆、含山县博物馆等。

二是革命文化实践基地。此类实践基地旨在让学生通过参观考察,深切体会红色政权来之不易,不忘初心,努力前行。主要有马鞍山市花山区濮塘革命烈士陵园,和县西梁山革命烈士纪念馆,博望区横山革命烈士纪念碑。向周边地区适当延伸到泾县皖南事变烈士陵园、南京雨花台革命烈士纪念馆。还有教育学生勿忘国耻的侵华日军南京大屠杀遇难同胞纪念馆等。

三是社会主义先进文化实践基地。此类实践基地旨在让学生考察社会主义建设成就,特别是改革开放以来的成就,增强"四个自信"。主要有马鞍山市规划馆,马鞍山钢铁(集团)控股有限公司"钢铁是怎么炼成的"考察参观项目基地,华菱星马汽车(集团)股份有限公司,蒙牛乳业(马鞍山)有限公司,马鞍山雨润食品有限公司,马鞍山达利园食品有限公司,马鞍山市经济技术开发区,马鞍山市慈湖高新技术开发区,郑蒲港现代产业园区,马鞍山市软件园区,和县台湾农民创业园,当涂县经济技术开发区,博望高新区等。

四是社会调查实践基地。此类实践基地旨在让学生在实践活动中了解社情民意,把握社会脉搏,增强责任担当。主要有安民大市场农产品批发基地,和县蔬菜大棚生产基地,花山区苏李村葡萄种植基地,半山花园社区,马鞍山市公益素食馆,当涂万山新农村建设示范点,和县石杨八禁新农村建设示范点等。

五是法治教育与道德情操体验基地。此类实践基地主要是让学生接受生动的现实教育,增强法治意识,确立正确的伦理道德观念。主要有雨山区法院,花山区法院少年庭,马鞍山市廉政教育基地,马鞍山监狱,马鞍山市好人馆,濮塘学生实践基地,姚家寨团队训练基地等。

六是游览风光、陶冶情操基地。此类实践基地旨在让学生在实践中接触大自然。主要有采石风景区,横山风景区,太湖山风景区,太白文化园风景区,濮塘风景区等。

经过十年的建设,基本形成覆盖全市、具有典型代表意义的思政理论课实践基地,为加强思想政治工作提供了基地保证。[①]

高职院校在思想政治理论课实践教学活动中注重加强思想政治理论课实践基地建设,逐步探索思想政治理论课实践基地建设途径。高职院校思

---

① 喻长志:《高职高专院校思想政治理论课实践基地建设初探——以马鞍山师范高等专科学校为例》,载《安徽工业大学学报(社会科学版)》,2018年第1期,第74~75页。

想政治理论课实践基地建设,主要是通过党委和政府主导型实践基地、学校主导型实践基地、企业主导型实践基地、互惠互利型实践基地、友情支持型实践基地等五种途径建立起来的。① 马鞍山师范高等专科学校在活动中加强思想政治理论课实践基地建设。实践基地从无到有,从少到多,从个别到系统化,都是在实践中逐步探索出来的。

一是党委、政府主导型实践基地。当地党委、政府认真贯彻党和国家重视大学生思想政治工作的要求,积极向地方高校提供社会实践基地。例如和县、含山县、博望区等,积极支持,指定有关部门为基地建设做好牵线搭桥工作,拓展布点了一大批实践基地。

二是学校主导型实践基地。学校根据思想政治理论课实践教学的需要,有意识地选择实践基地,学校党委主动与相关单位联系,得到对方的积极响应。如马鞍山市规划馆、马鞍山市博物馆、凌家滩文化遗址、郑蒲港现代产业园区等。

三是企业主导型实践基地。在校企合作中,不少合作单位看到合作办学的前景,重视学生到企业参观考察,主动和学校合作,校企合作基地同时也是思想政治理论课实践基地,成为名副其实的"双基地"。如蒙牛乳业(马鞍山)公司、马鞍山达利园食品有限公司、海外海皇冠假日酒店等企业。

四是互惠互利型实践基地。此类型实践基地是指学校和对方本着相互促进的原则,学校通过实习实训、志愿者服务、智力支持等为对方提供支持,而对方则为大学生的思想政治理论课实践提供基地。如采石风景区,旅游专业学生到风景区实习,做义务导游,开展志愿者服务,而风景区则为学生提供实践机会。

五是友情支持型实践基地。利用知名校友、高校知名人士的社会影响,学校积极沟通,对方给予帮助支持。如"钢铁是怎样炼成的"旅游项目基地、台湾农民创业园、安民农产品交易市场等思想政治理论课实践得到了很多朋友的帮助。②

---

① 喻长志:《高职高专院校思想政治理论课实践基地建设初探——以马鞍山师范高等专科学校为例》,载《安徽工业大学学报(社会科学版)》,2018年第1期,第74~75页。
② 喻长志:《高职高专院校思想政治理论课实践基地建设初探——以马鞍山师范高等专科学校为例》,载《安徽工业大学学报(社会科学版)》,2018年第1期,第74~75页。

附录1

高校思想政治理论课
实践教学调查问卷(学生卷)

亲爱的同学:

非常感谢您能够接受此次问卷调查。为了开展高校思想政治理论课实践教学的研究工作,我们设计了此份调查问卷。此项调查采取不记名方式,调查结果仅供研究之用。为了保证调查结果的真实有效,麻烦您按照实际情况和真实想法回答问题,答卷时只需点击所选的选项。

再次感谢您对本次调查的大力支持!

高校思想政治理论课实践教学课题组
2020年8月

1. 您目前所就读的年级是(　　)。[单选题]*
○A. 大一　　　○B. 大二　　　○C. 大三　　　○D. 大四
2. 您所在学校的办学层次是(　　)。[单选题]*
○A. 高职高专院校　　　○B. 本科院校
3. 您所在学校是否落实教育部《新时代高校思想政治理论课教学工作基本要求》(教社科〔2018〕2号)关于本科2学分、专科1学分的实践教学学分要求,并单独把思政课实践教学拿出来计算学分?(　　)。[单选题]*
○A. 落实了学分要求,并单独计算学分
○B. 计算了学分,但没有单独计算

○C. 形式上虽落实,但实质并没落实

○D. 没有落实学分要求,没有单独计算学分

○E. 不知道

4. 您所在学校学生如何获得思政课实践教学学分?(　　)[单选题]*

○A. 通过参加教师统一组织的实践教学获得相应学分

○B. 通过提交与思政课学习相关的实践成果申请获得相应学分

○C. 既可通过参加教师统一组织的实践教学获得相应学分,也可通过提交与思政课学习相关的实践成果申请获得相应学分

○D. 学校思政课实践教学尚未设立单独学分

5. 您认为思政课实践教学是否能发挥立德树人、实践育人、提升学生素质和能力的作用?(　　)[单选题]*

○A. 作用比较大　○B. 作用一般　○C. 没什么作用　○D. 说不清楚

6. 您所在学校哪些思政课设置了实践教学环节?(　　)[多选题]*

□A. 思想道德修养与法律基础

□B. 毛泽东思想和中国特色社会主义理论体系概论

□C. 马克思主义基本原理概论

□D. 中国近现代史纲要

□E. 形势与政策

□F. 开设了思政课综合实践课程

□G. 都没开设

7. 您所在学校是否把思政课实践教学排进了课程表?(　　)[单选题]*

○A. 已经排进课程表　　　　○B. 没有排进课程表

8. 您所在学校是否自主编写了思政课实践教学教材?(　　)[单选题]*

○A. 编写了教材　　　　○B. 没有编写教材

9. 您所在学校是否为学生订购了专门的思政课实践教学教材?(　　)[单选题]*

○A. 订购了教材　　　　○B. 没有订购教材

10. 您所在学校把思政课实践教学成绩按照怎样的比例折算到思政课

期末成绩中？（　　）[单选题]*

　　○A.按20%折算进去

　　○B.按30%折算进去

　　○C.按40%折算进去

　　○D.按50%折算进去

　　○E.没有折算进去

11.您所在学校的思政课实践教学方案的设计实施是由（　　）完成的。[单选题]*

　　○A.马克思主义学院(思政部)统一

　　○B.教研室统一

　　○C.任课教师

　　○D.教师和学生共同

　　○E.学生主动

12.您所在学校思政课实践教学任务由哪个部门组织安排？（　　）[单选题]*

　　○A.马克思主义学院(思政部)

　　○B.教务处

　　○C.宣传部

　　○D.学生处

　　○E.校团委

　　○F.马克思主义学院(思政部)牵头,相关部门协同完成

13.您参加思政课实践教学活动的频率是（　　）。[单选题]*

　　○A.经常进行　○B.偶尔进行　○C.从未进行

14.您所在学校对思政课实践教学的课时安排情况如何？（　　）[单选题]*

　　○A.保证国家规定的实践教学课时,有计划地进行实践教学

　　○B.任课教师自行安排实践教学时间,较为随意

　　○C.在既定课时内不安排实践教学,利用学生业余时间进行实践教学活动

　　○D.理论课课时十分紧张,没有时间进行实践教学

15.您所在学校思政课实践教学过程中教师与学生的沟通模式是怎样

的？（　　）[单选题]*

　　○A. 学生起主导作用

　　○B. 老师起主导作用

　　○C. 学生和老师双方平等交流

　　○D. 几乎不交流

16. 您认为您所在学校的思政课实践教学形式怎样？（　　）[单选题]*

　　○A. 丰富多彩　　○B. 比较多　　○C. 比较少　　○D. 很少

17. 您所在学校采取的思政课实践教学形式有哪些？（　　）[多选题]*

　　□A. 思政课教师组织的课堂辩论、演讲、观看评析影音资料等

　　□B. 思政课教师或院系带队的各种参观考察和社会调查等

　　□C. 学生自行参与的假期社会实践或者社会调查活动

　　□D. 学校组织的素质教育讲座报告等

　　□E. 学校建立校外思想政治理论课实践育人基地

　　□F. 学校组织的各种德育活动

　　□G. 学校组织的各种主题教育活动

　　□H. 主题网站建设或者网络互动平台的建立

　　□I. 校园板报或者学生办报

　　□J. 以学生社团为引领带动学生参与各种实践活动

　　□K. 校园广播站、电视台

　　□L. 与学校的心理咨询工作相结合开设讲座或者举办活动

　　□M. 其他

18. 您所在学校思政课实践教学开展前的思政课老师指导情况如何？（　　）[单选题]*

　　○A. 在课前根据实际情况进行充分指导

　　○B. 仅仅是口头上简略指导

　　○C. 根本没有指导

19. 您认为您所在学校思政课教师的实践指导能力怎么样？（　　）[单选题]*

　　○A. 实践指导能力深厚,经验丰富

○B. 实践指导能力较好,基本能满足教学

○C. 实践指导能力一般,经验不是很丰富

○D. 实践指导能力很不好,经验不足

20. 您认为您所在学校思政课实践教学校外基地建设情况如何?(   )[单选题]*

　　○A. 基地数量多,种类丰富

　　○B. 基地数量较少

　　○C. 基地数量极少

　　○D. 暂时没有建立相关基地

21. 您比较喜欢参观体验哪些思政课实践教学基地?(   )[多选题]*

　　□A. 校内基地如校史馆和思政课实训中心等

　　□B. 博物馆、文化园、名人故居等中华优秀传统文化实践基地

　　□C. 红色纪念馆、井冈山、延安等革命文化实践基地

　　□D. 开发区、高新区、先进企业等社会主义先进文化实践基地

　　□E. 新型社区、种植(生产)基地、新农村建设示范点、贫困地区等社会调查实践基地

　　□F. 法院、监狱、廉政教育基地等法治教育与道德情操体验基地

　　□G. 风景区等游览风光、陶冶情操基地

　　□H. 网上实践教学基地

　　□I. 其他

22. 您认为目前高校思政课实践教学存在的主要问题有哪些?(   )[多选题]*

　　□A. 实践教学流于形式

　　□B. 实践教学组织管理不规范

　　□C. 实践教学保障机制不完善

　　□D. 实践教学评价体系不健全

　　□E. 实践教学效果不理想

　　□F. 学校和老师对实践教学环节不够重视

　　□G. 其他

23. 您认为您所在学校在对思政课实践教学的组织管理方面情况怎样？（　　）[单选题]*

○A. 组织管理到位,由制度和规定进行督促约束

○B. 组织管理一般,有制度但执行情况一般

○C. 组织管理不到位,老师和学生的随意性很强

○D. 没有组织管理制度,完全没人管

24. 您认为大学生很少参加或不愿意自觉主动参加思政课实践教学活动的主要原因有哪些？（　　）[多选题]*

□A. 理论教学与实践教学环节联系不紧密,对实践教学认识不到位

□B. 实践教学活动内容、形式均不够新颖,缺乏吸引力

□C. 思想政治理论课教师与学生管理部门缺乏有效沟通,对实践教学活动的要求和安排不具体

□D. 学校实践教学资源(如场地、设备、实践基地、经费等)不足

□E. 其他

25. 您所在学校对思政课实践教学活动的考核方式有哪些？（　　）[可多选][多选题]*

□A. 实践报告

□B. 心得体会

□C. 试卷答题

□D. 日常思想行为表现

□E. 课堂表现

□F. 其他

26. 您认为高校思想政治理论课实践教学的价值主要体现在哪些方面？（　　）[多选题]*

□A. 践行育人理念

□B. 形塑育人模式

□C. 提高育人质量

□D. 实现育人目标

□E. 其他

27. 您对目前高校思政课实践教学质量和效果的评价如何？（　　）[单选题]*

　　○A. 非常满意　　○B. 比较满意　　○C. 不满意　　○D. 很不满意

28. 您认为目前影响高校思政课实践教学质量和效果的主要因素有（　　）[多选题]*

　　□A. 思想认识因素

　　□B. 体制机制因素

　　□C. 师资队伍因素

　　□D. 学生因素

　　□E. 安全因素

　　□F. 经费因素

　　□G. 其他

29. 为深化高校思政课实践教学改革创新,提高思政课实践教学质量和实效,您认为应当（　　）[多选题]*

　　□A. 完善高校思政课实践教学环节的各项机制建设

　　□B. 组织教师参加实践研修、社会调研和实践考察,提高教师的实践教学能力

　　□C. 建立稳定的校外实践基地

　　□D. 建立完善实践教学的管理、考核、评价体系

　　□E. 上级单位对各高校进行实践教学工作的专项评估检查,以评促建

　　□F. 整合实践教学资源

　　□G. 拓展实践教学形式

　　□H. 其他

附录2

高校思想政治理论课
实践教学调查问卷(教师卷)

尊敬的老师：

您好！

非常感谢您百忙之中抽时间参与此次问卷调查。为了更好地开展高校思想政治理论课实践教学的研究工作，我们设计了此份调查问卷。此项调查采取不记名方式，调查结果仅供研究之用。为了保证调查结果的真实有效，麻烦您按照实际情况和真实想法回答问题，答卷时只需点击所选的选项。

再次感谢您对本次调查的大力支持！

高校思想政治理论课实践教学课题组
2020年8月

1. 您所在学校的办学层次是(　　)。[单选题]*

○A. 高职高专院校　　　　　　○B. 本科院校

2. 目前您所在学校专职思政课教师岗位设置师生比例是(　　)。[单选题]*

○A. 达到1∶350

○B. 接近1∶350

○C. 距离1∶350较大

3. 您所在学校是否落实教育部《新时代高校思想政治理论课教学工作基本要求》(教社科〔2018〕2号)关于本科2学分、专科1学分的实践教学学分要求，并单独把思政课实践教学拿出来计算学分？(　　)。[单选

题]*

　　○A. 落实了学分要求,并单独计算学分

　　○B. 计算了学分,但没有单独计算

　　○C. 形式上虽落实,但实质并没落实

　　○D. 没有落实学分要求,没有单独计算学分

　　○E. 不知道

　4. 您所在学校学生如何获得思政课实践教学学分?(　　)[单选题]*

　　○A. 通过参加教师统一组织的实践教学获得相应学分

　　○B. 通过提交与思政课学习相关的实践成果申请获得相应学分

　　○C. 既可通过参加教师统一组织的实践教学获得相应学分,也可通过提交与思政课学习相关的实践成果申请获得相应学分

　　○D. 学校思政课实践教学尚未设立单独学分

　5. 您认为全面贯彻落实教育部《新时代高校思想政治理论课教学工作基本要求》(教社科[2018]2号)关于本科2学分、专科1学分的实践教学要求,最大的困难是(　　)。[单选题]*

　　○A. 顶层设计不完善

　　○B. 实践教学资源缺乏

　　○C. 教师不积极参与

　　○D. 缺乏经费保障

　　○E. 其他

　6. 您认为思政课实践教学是否能发挥立德树人、实践育人、提升学生素质和能力的作用?(　　)[单选题]*

　　○A. 作用比较大　　　　　○B. 作用一般

　　○C. 没什么作用　　　　　○D. 说不清楚

　7. 您所在学校哪些思政课设置了实践教学环节?(　　)[多选题]*

　　□A. 思想道德修养与法律基础

　　□B. 毛泽东思想和中国特色社会主义理论体系概论

　　□C. 马克思主义基本原理概论

　　□D. 中国近现代史纲要

　　□E. 形势与政策

□F. 开设了思政课综合实践课程

□G. 都没开设

8. 您所在学校是否制定了思政课实践教学大纲？（　　）[单选题] *

○A. 有

○B. 有,但形同虚设

○C. 正在制定

○D. 没有

9. 您所在学校是否把思政课实践教学课时写进了人才培养方案？（　　）[单选题] *

○A. 已经写进方案　　　　○B. 没有写进方案

10. 您所在学校是否把思政课实践教学排进了课程表？（　　）[单选题] *

○A. 已经排进课程表　　　　○B. 没有排进课程表

11. 您所在学校是否自主编写了思政课实践教学教材？（　　）[单选题] *

○A. 编写了教材　　　　○B. 没有编写教材

12. 您所在学校是否为学生订购了专门的思政课实践教学教材？（　　）[单选题] *

○A. 订购了教材　　　　○B. 没有订购教材

13. 您所在学校把思政课实践教学成绩按照怎样的比例折算到思政课期末成绩中？（　　）[单选题] *

○A. 按20%折算进去

○B. 按30%折算进去

○C. 按40%折算进去

○D. 按50%折算进去

○E. 没有折算进去

14. 您所在学校的思政课实践教学方案的设计实施是由（　　）完成的。[单选题] *

○A. 马克思主义学院(思政部)统一

○B. 教研室统一

○C. 任课教师

○D. 教师和学生共同

○E. 学生主动

15.您所在学校思政课实践教学任务由哪个部门组织安排？（　　）[单选题]*

○A. 马克思主义学院（思政部）

○B. 教务处

○C. 宣传部

○D. 学生处

○E. 校团委

○F. 马克思主义学院（思政部）牵头，相关部门协同完成

16.您组织学生进行思政课实践教学的频率是（　　）。[单选题]*

○A. 经常进行

○B. 偶尔进行

○C. 从未进行

17.您所在学校思政课实践教学过程中教师与学生的沟通模式是怎样的？（　　）[单选题]*

○A. 学生起主导作用

○B. 老师起主导作用

○C. 学生和老师双方平等交流

○D. 几乎不交流

18.您认为您所在学校的思想政治理论课实践教学形式怎样？（　　）[单选题]*

○A. 丰富多彩　　○B. 比较多　　○C. 比较少　　○D. 很少

19.您认为您所在学校采取的思政课实践教学形式有哪些？（　　）[多选题]*

□A. 思政课教师组织的课堂辩论、演讲、观看评析影音资料等

□B. 思政课教师或院系带队的各种参观考察和社会调查等

□C. 学生自行参与的假期社会实践或者社会调查活动

□D. 学校组织的素质教育讲座报告等

□E. 学校建立校外思想政治理论课实践教学基地

□F. 学校组织的各种德育活动

□G. 学校组织的各种主题教育活动

□H. 主题网站建设或者网络互动平台的建立

□I. 校园板报或者学生办报

□J. 以学生社团为引领带动学生参与各种实践活动

□K. 校园广播站、电视台

□L. 与学校的心理咨询工作相结合开设讲座或者举办活动

□M. 其他

20. 您所在学校开展思政课实践教学的组织形式是（　　）。[多选题] *

○A. 思政课教师组织开展课堂实践或校内实践

○B. 思政课教师布置社会实践主题,让学生自行外出实践,提交社会实践报告

○C. 统一组织选派优秀学生代表参加校外实践

○D. 思政课教师组织所带班级全体学生参加校外实践

○E. 组织开展网络(虚拟)实践活动

○F. 其他

21. 您所在学校思政课实践教学活动开展前的指导情况如何？（　　）[单选题] *

○A. 在课前根据实际情况进行充分指导

○B. 仅仅是口头上简略指导

○C. 根本没有指导

22. 您认为您所在学校思政课教师的实践指导能力怎么样？（　　）[单选题] *

○A. 实践指导能力深厚,经验丰富

○B. 实践指导能力较好,基本能满足教学

○C. 实践指导能力一般,经验不是很丰富

○D. 实践指导能力很不好,经验不足

23. 您所在学校对思政课教师带队的外出考察和调研活动是否有课时补贴？（　　）[单选题] *

○A. 有　　　　　　　　　　　○B. 没有

24. 您认为您所在学校思政课实践教学校外基地建设情况如何？（　　）[单选题]＊

　　○A. 基地数量多,种类丰富

　　○B. 基地数量较少

　　○C. 基地数量极少

　　○D. 暂时没有建立相关基地

25. 您比较喜欢参观体验哪些思政课实践教学基地？（　　）[多选题]＊

　　□A. 校史馆和思政课实训中心等校内基地

　　□B. 博物馆、文化园、名人故居等中华优秀传统文化实践基地

　　□C. 红色纪念馆、井冈山、延安等革命文化实践基地

　　□D. 开发区、高新区、先进企业等社会主义先进文化实践基地

　　□E. 新型社区、种植(生产)基地、新农村建设示范点、贫困地区等社会调查实践基地

　　□F. 法院、监狱、廉政教育基地等法治教育与道德情操体验基地

　　□G. 风景区等游览风光、陶冶情操基地

　　□H. 网上实践教学基地

　　□I. 其他

26. 您认为您所在学校为思想政治理论课实践教学活动提供经费情况如何？（　　）[单选题]＊

　　○A. 学校提供的经费充足

　　○B. 学校提供部分活动经费

　　○C. 学校提供的活动经费严重不足

　　○D. 学校没有相关方面的经费预算

27. 您认为目前高校思政课实践教学存在的主要问题有哪些？（　　）[多选题]＊

　　□A. 实践教学流于形式

　　□B. 实践教学组织管理不规范

　　□C. 实践教学保障机制不完善

　　□D. 实践教学评价体系不健全

　　□E. 实践教学效果不理想

☐F.学校和老师对实践教学环节不够重视

☐G.其他

28.您认为您所在学校在对思政课实践教学的组织管理方面情况怎样？（　　）[单选题]*

○A.组织管理到位,由制度和规定进行督促约束

○B.组织管理一般,有制度但执行情况一般

○C.组织管理不到位,老师和学生的随意性很强

○D.没有组织管理制度,完全没人管

29.您认为大学生很少参加或不愿意自觉主动参加思政课实践教学活动的主要原因有哪些？（　　）[多选题]*

☐A.理论教学与实践教学环节联系不紧密,对实践教学认识不到位

☐B.实践教学活动内容、形式均不够新颖,缺乏吸引力

☐C.思政课教师与学生管理部门缺乏有效沟通,对实践教学活动的要求和安排不具体

☐D.学校实践教学资源(如场地、设备、实践基地、经费等)不足

☐E.其他

30.您所在学校对思政课实践教学活动的考核方式有哪些？（　　）[多选题]*

☐A.实践报告

☐B.心得体会

☐C.试卷答题

☐D.日常思想行为表现

☐E.课堂表现

☐F.其他

31.您认为高校思想政治理论课实践教学的价值主要体现在哪些方面？（　　）[多选题]*

☐A.践行育人理念

☐B.形塑育人模式

☐C.提高育人质量

☐D.实现育人目标

☐E.其他

32. 您对目前高校思政课实践教学质量和效果的评价如何？(　　)[单选题] *

　　○A. 非常满意　○B. 比较满意　○C. 不满意　○D. 很不满意

33. 您认为目前影响高校思政课实践教学质量和效果的主要因素有(　　)[多选题] *

　　□A. 思想认识因素

　　□B. 体制机制因素

　　□C. 师资队伍因素

　　□D. 学生因素

　　□E. 安全因素

　　□F. 经费因素

　　□G. 其他

34. 为深化高校思政课实践教学改革创新,提高思政课实践教学的质量和实效,您认为应当(　　)[多选题] *

　　□A. 完善高校思政课实践教学环节的各项机制建设

　　□B. 组织教师参加实践研修、社会调研和实践考察,提高教师的实践教学能力

　　□C. 建立稳定的校外实践基地

　　□D. 建立完善实践教学的管理、考核、评价体系

　　□E. 上级单位对各高校进行实践教学工作的专项评估检查,以评促建

　　□F. 整合实践教学资源

　　□G. 拓展实践教学形式

　　□H. 其他

参考文献

一、经典著作和党的文献

[1] 马克思恩格斯全集(第1卷)[M].北京:人民出版社,1995.

[2] 马克思恩格斯选集(第一卷)[M].北京:人民出版社,2012.

[3] 列宁选集(第2卷)[M].北京:人民出版社,2012.

[4] 毛泽东文集(第七卷)[M].北京:人民出版社,1999.

[5] 毛泽东选集(第二、四卷)[M].北京:人民出版社,1991.

[6] 邓小平文选(第二卷)[M].北京:人民出版社,1994.

[7] 习近平谈治国理政(第三卷)[M].北京:外文出版社,2020.

[8] 习近平.在北京大学师生座谈会上的讲话[M].北京:人民出版社,2018.

[9] 习近平.决胜全面建成小康社会 夺取新时代中国特色社会主义伟大胜利——在中国共产党第十九次全国代表大会上的报告[M].北京:人民出版社,2017.

[10] 十八大以来重要文献选编(中)[M].北京:中央文献出版社,2016.

[11] 教育部思想政治工作司组编.加强和改进大学生思想政治教育重要文献选编(1978—2014)[M].北京:知识产权出版社,2015.

[12] 教育部社会科学司组编.普通高校思想政治理论课文献选编(1949—2006)[M].北京:中国人民大学出版社,2007.

[13] 全国普通高校"两课"教育教学调研工作领导小组组编.普通高校

思想政治教育课程文献选编(1949—2003)[M].北京:中国人民大学出版社,2003.

[14]姜华宣、张尉萍、肖甡主编.中国共产党重要会议纪事(1921—2006)(增订本)[M].北京:中央文献出版社,2006.

[15]中共中央宣传部宣传教育局、教育部社会科学研究与思想政治工作司、共青团中央学校部组编.加强和改进大学生思想政治教育文件选编[Z].北京:中国人民大学出版社,2005.

二、中文著作

[1]艾思奇主编.辩证唯物主义历史唯物主义[M].北京:人民出版社,1978.

[2]陈钢主编.高校思想政治理论课实践教学实用教程(第2版)[M].北京:高等教育出版社,2018.

[3]陈金龙,李张容.广东高校实践育人工作研究[M].广州:广东高等教育出版社,2020.

[4]陈历主编.理论、方法与实践:高校思想政治理论课实践教学研究[M].厦门:厦门大学出版社,2018.

[5]陈万柏,张耀灿主编.思想政治教育学原理[M].武汉:华中师范大学出版社,2009.

[6]戴钢书,等.高校思想政治理论课实践教学论[M].北京:中国人民大学出版社,2015.

[7]董方侠,金树,潘亿生.大学生思政课实践教学探索[M].长沙:中南大学出版社,2016.

[8]冯刚,郑永廷主编.思想政治教育学科30年发展研究报告[M].北京:光明日报出版社,2014.

[9]郭彬.新时代高校思政课实践教学改革研究[M].北京:中国民族文化出版社,2020.

[10]郭纯平.我国高校思想政治理论课实践教学研究[M].广州:世界图书出版广东有限公司,2014.

[11]高清海.找回失去的"哲学自我":哲学创新的生命本性[M].北京:北京师范大学出版社,2004.

[12]甘霖.高校实践育人研究[M].北京:人民出版社,2015.

[13]甘玲主编.践行渐悟——高校思政课实践教学的探索与实践[M].秦皇岛:燕山大学出版社,2017.

[14]韩光道,等.思政课学生主体实践性教学研究[M].武汉:华中科技大学出版社,2014.

[15]黄济.教育哲学通论[M].太原:山西教育出版社,1998.

[16]黄明理.社会主义道德信仰研究[M].北京:人民出版社,2006.

[17]黄蓉生,吴文华,张国镛,等.高校思想政治理论课社会实践教学环节研究[M].北京:中央文献出版社,2008.

[18]胡林英.道德内化论[M].北京:社会科学文献出版社,2007.

[19]纪洪娟.高校思想政治理论课实践教学研究[M].北京:线装书局,2019.

[20]金林南.思想政治教育学科范式的哲学沉思[M].南京:江苏人民出版社,2013.

[21]靳玉乐.潜在课程论[M].南昌:江西教育出版社,1996.

[22]李合亮.思想政治教育探本——关于其起源及本质的研究[M].北京:人民出版社,2007.

[23]李庆扬,刘玉红主编.高校思想政治理论课实践教学探索——基于沈阳大学的思想政治理论课实践教学[M].北京:中国文史出版社,2015.

[24]李书华,石丽萍.新媒体环境下大学生思想政治教育接受机制研究[M].北京:知识产权出版社,2020.

[25]李秀林,王于,李淮春主编.辩证唯物主义和历史唯物主义原理(第五版)[M].北京:中国人民大学出版社,2004.

[26]李晓文.学生自我发展之心理学探究[M].北京:教育科学出版社,2006.

[27]柳礼泉主编.大学思想政治理论课实践教学研究[M].长沙:湖南大学出版社,2006.

[28]刘丽琼.思想政治理论课教学接受论[M].北京:人民出版社,2009.

[29]刘社欣,等.高校思想政治理论课实践育人模式创新研究[M].广州:世界图书出版广东有限公司,2013.

[30]刘新全.现代思想政治教育接受行为的系统分析[M].徐州:中国

矿业大学出版社,2017.

[31]刘振江主编.高校思想政治理论课实践教学教程[M].北京:法律出版社,2015.

[32]鲁洁,王逢贤.德育新论[M].南京:江苏教育出版社,2012.

[33]鲁继平.高职院校思想政治理论课实践教学研究[M].天津:南开大学出版社,2019.

[34]罗军强主编.高校思政课实践教学教程[M].长沙:中南大学出版社,2015.

[35]论语·雍也[M].北京:中华书局.2007.

[36]骆郁廷主编.思想政治教育原理与方法[M].北京:北京师范大学出版社,2020.

[37]吕春艳.供给侧改革思维下高职高专思想政治理论课实践教学模式研究[M].西安:西北工业大学出版社,2017.

[38]吕志,黄紫华主编.面向社会　实践育人:高校思想政治理论课实践教学探索.广州:华南理工大学出版社,2009.

[39]吕志,张居永主编.高校思想政治理论课实践教学创新与探索[M].广州:华南理工大学出版社,2018.

[40]马爱杰.高校思想政治理论课实践教学研究[M].北京:九州出版社,2018.

[41]马建国.道德外化与高校外化德育研究[M].北京:中国社会科学出版社,2017.

[42]裴淑娥,杨连顺,喻永均,杨立红.高职院校思想政治理论课实践教学实效性的探索与实践[M].天津:天津大学出版社,2014.

[43]钱结海.定位·结构·功能:高职院校思想政治理论课实践教学实效性建设的路径[M].北京:北京理工大学出版社,2013.

[44]佘双好.现代德育课程论[M].北京:中国社会科学出版社,2003.

[45]沈壮海.思想政治教育有效性研究[M].武汉:武汉大学出版社,2001.

[46]苏众,查广云,刘断思.大学生思想政治理论课体验式教学理论与实践[M].武汉:武汉大学出版社,2013.

[47]孙其昂,黄世虎主编.思想政治教育学基本原理(第四版)[M].南

京:河海大学出版社,2015.

[48]孙其昂,等.思想政治教育现代转型研究[M].北京:学习出版社,2015.

[49]孙其昂.思想政治教育学前沿研究[M].北京:人民出版社,2013.

[50]孙智.新时代背景下的高校实践育人研究[M].北京:中国建材工业出版社,2019.

[51]王红阳.高校思想政治理论课实践教学创新研究[M].北京:经济管理出版社,2020.

[52]王丽荣.思想政治教育接受心理研究[M].长春:吉林人民出版社,2013.

[53]王亚新,康礼芳.大学生思政课实践教学探索研究[M].长春:吉林文史出版社,2018.

[54]王颖,俞树彪.德育实践论纲[M].杭州:浙江大学出版社,2005.

[55]王嫒,郭旭.高职院校思政课实践教学研究[M].北京:中国民族文化出版社,2020.

[56]汪先平主编.高校思想政治理论课实践教学教程[M].南京:江苏人民出版社,2020.

[57]吴满意,刘强,景星维,黄冬霞编著.高校思想政治理论课虚拟社会实践研究[M].成都:电子科技大学出版社,2016.

[58]徐永赞.基于接受理论的思想政治理论课实践教学模式研究[M].石家庄:河北人民出版社,2017.

[59]徐特立著,中央教育科学研究所编.徐特立教育文集[M].北京:人民出版社,2006.

[60]徐园媛,周优文,蓝善康主编.大学生思想政治教育心理接受机制构建[M].成都:西南交通大学出版社,2013.

[61]闫艳.马克思交往理论视界中的思想政治教育创新探究[M].天津:南开大学出版社,2015.

[62]杨国荣.人类行动与实践智慧[M].北京:生活·读书·新知三联书店,2013.

[63]杨贤金编著.高校实践育人的探索与创新[M].北京:中国书籍出版社,2015.

[64]叶芃,汪洪,舒先林,等.高校思想政治理论课实践教学资源整合与利用研究[M].武汉:湖北人民出版社,2008.

[65]岳新风.高校思想政治理论课实践教学保障机制研究[M].北京:中国社会出版社,2014.

[66]于泉蛟.思想政治教育接受结构研究[M].北京:人民出版社,2015.

[67]俞世伟,白燕.规范·德性·德行——动态伦理道德体系的实践性研究[M].北京:商务印书馆,2009.

[68]俞吾金.重新理解马克思——对马克思哲学的基础理论和当代意义的反思[M].北京:北京师范大学出版社,2005.

[69]张凤华,梅萍,万美容,等.高校思想政治理论课"05方案"实施及测评的实证研究[M].北京:中国社会科学出版社,2011.

[70]张建强.高校思政课实践教学与理论教学协同创新研究[M].成都:电子科技大学出版社,2018.

[71]张澍军主编.德育哲学引论[M].北京:中国社会科学出版社,2008.

[72]张耀灿,陈万柏主编.思想政治教育学原理[M].北京:高等教育出版社,2001.

[73]张耀灿,郑永廷,吴潜涛,骆郁廷,等.现代思想政治教育学[M].北京:人民出版社,2006.

[74]张有奎.形而上学之后:马克思的实践哲学思想及其流变[M].北京:人民出版社,2013.

[75]张欣.高校思想政治理论课实践教学模式创新研究[M].广州:广东旅游出版社,2017.

[76]张子睿,卢彤.思想政治教育实践育人理论与对策研究[M].北京:经济日报出版社,2019.

[77]赵丽君.高校思想政治理论综合实践课教学探研[M].延吉:延边大学出版社,2019.

[78]赵继伟.思想政治工作机理论[M].武汉:湖北人民出版社,2013.

[79]赵雪.虚拟课堂视域下的思政课实践教学研究[M].长春:吉林文史出版社,2018.

[80]周长明编著.大课堂观视阈下的高校思想政治理论课实践教学改革探究[M].成都:西南交通大学出版社,2012.

[81]钟凤梅,孙冬梅.思政课学生主体实践性教学研究[M].北京:现代出版社,2014.

[82]邹建平,陈静,陈君主编.高校思想政治理论课实践教学研究[M].北京:北京理工大学出版社,2018.

[83]朱云生,张清学编著.高校思想政治理论课综合实践教学论[M].成都:西南交通大学出版社,2011.

三、外文译著

[1][法]皮埃尔·布迪厄.实践感[M].蒋梓骅译,南京:译林出版社,2003.

[2][德]伽达默尔.赞美理论——伽达默尔选集[M].夏镇平译,上海:生活·读书·新知三联书店上海分店,1988.

[3][美]理查德·莱特.穿过金色光阴的哈佛人——哈佛大学生成功访谈录[M].范玮译,北京:中国轻工业出版社,2002.

[4][美]约翰·杜威.民主主义与教育[M].王承绪译,北京:人民教育出版社,1990.

[5][美]约翰·杜威.人的问题[M].傅统先,邱椿译,上海:上海人民出版社,1996.

[6][美]约翰·杜威.杜威教育论著选[M].赵祥麟,王承绪编译,上海:华东师范大学出版社,1981.

[7][德]雅斯贝尔斯.什么是教育[M].邹进译,北京:生活·读书·新知三联书店,1991.

[8][古希腊]柏拉图.理想国[M].郭斌和,张竹明译,北京:商务印书馆,1986.

四、学位论文

[1]曾素林.论实践教育——基于实证方法与国际比较[D].华中师范大学博士学位论文,2013.

[2]陈步云.高校实践育人机制研究[D].东北师范大学博士学位论文,2017.

[3]郭甸.高职院校思想政治理论课社会实践教学研究[D].湖南师范

大学硕士学位论文,2016.

[4]呼和.大学生社会实践育人机理及运行机制研究[D].北京科技大学博士学位论文,2018.

[5]宋成鑫.高校思想政治理论课实践教学模式创新研究[D].东北林业大学博士学位论文,2012.

[6]汪馨兰.高校思想政治理论课实践教学研究[D].电子科技大学博士学位论文,2013.

[7]王德维.高职院校思想政治理论课实践教学模式创新研究[D].广东财经大学硕士学位论文,2015.

[8]王忠.大学生思想政治教育实践育人机制创新研究[D].东北师范大学博士学位论文,2016.

[9]徐丽曼.高校思想政治教育实践育人模式研究[D].辽宁师范大学博士学位论文,2009.

[10]叶娟娟.整体性视域下高校思想政治理论课实践教学研究[D].浙江大学硕士学位论文,2020.

[11]殷莎莎.系统科学视域下高校思想政治理论课实践教学研究[D].哈尔滨工程大学博士学位论文,2016.

[12]张玉荣.大学隐性课程建设探讨[D].江西师范大学硕士学位论文,2007.

五、中文期刊

[1]白云.高校思想政治理论课社会实践育人研究[J].山东理工大学学报(社会科学版),2019(3).

[2]蔡文成,张艳艳.高校思想政治理论课实践教学的逻辑关系辨析[J].思想理论教育,2021(7).

[3]曹顺,丁志卫.高职院校思想政治理论课实践教学探析[J].教育与职业,2019(11).

[4]曹顺霞.思想政治理论课理论教学与实践教学的优化整合[J].教育评论,2011(5).

[5]查广云.高校思想政治理论课体验式实践教学探究[J].思想理论教育导刊,2010(9).

[6]查广云.思想政治理论课体验式实践教学模式探析[J].中国职业

技术教育,2009(16).

[7]查广云.高职思政课"虚实融合、理实一体"体验式教学模式探析[J].中国职业技术教育,2021(14).

[8]陈其胜.高校思想政治理论课实践教学:立论基础、现实困境、路径选择[J].思想教育研究,2012(2).

[9]陈其胜.高校思想政治理论课实践教学的现实路径探析[J].理论观察,2011(6).

[10]陈佑清.体验及其生成[J].教育研究与实验,2002(2).

[11]储水江,高顺起,尹家德.论高职院校思想政治理论课实践教学的"转型升级"[J].中国职业技术教育,2020(1).

[12]戴锐.德育语境中社会实践的理论内涵与实施原则[J].思想·理论·教育,2006(5).

[13]戴锐,吴树烈.社会实践德育问题的探讨[J].中国教育学刊,2006(03).

[14]杜玉波.推动制度化常态化科学化不断开创实践育人工作新局面[J].中国高等教育,2014(19).

[15]冯刚,王栋梁.实践育人创新发展的理论思考和实现路径研究[J].学校党建与思想教育,2017(15).

[16]高继国,张春和,程孝良.高校思想政治理论课实践教学新模式的构建探讨[J].国家教育行政学院学报,2014(4).

[17]高军,侯全生.提高思想政治理论课实践教学实效性的对策探讨[J].思想理论教育导刊,2011(10).

[18]郭元祥.实践教育观与实践育人[J].中国教育科学,2014(2).

[19]韩秀婷.高职院校思政课"递进式模块化"实践教学探索[J].新疆职业教育研究,2020(01).

[20]何其颖,石红梅.思想政治理论课实践育人与高校创新人才培养[J].思想理论教育导刊,2014(1).

[21]侯云霞,于金秀.高校思想政治理论课教学实践与实践教学思考[J].中国特色社会主义研究,2007(2).

[22]黄甫全.大课程论初探——兼论课程(论)与教学(论)的关系[J].课程·教材·教法,2000(5).

[23]黄继英.国外大学的实践育人及其启示[J].清华大学教育研究,2006(4).

[24]蒋德勤,侯保龙.高校思想政治教育实践育人创新路径[J].思想理论教育导刊,2016(2).

[25]金林南.道德生成与教育道德——道德教育内在机制探析[J].思想理论教育,2007(5).

[26]金林南.论思想政治教育的公共性[J].思想理论教育,2012(15).

[27]敬枫蓉.搭建实践育人平台系统开展社会实践活动[J].中国高等教育,2012(Z2).

[28]景慧.高职院校思想政治理论课实践教学探究[J].红河学院学报,2020(2).

[29]冷舜安.构建以学生为主体的思想政治理论课社会实践教学模式的思考[J].思想理论教育导刊,2011(7).

[30]李东坡,王学俭.高校思想政治理论课社会实践教学的意义、问题和对策[J].思想理论教育导刊,2014(8).

[31]李会先,李松林.高校思想政治理论课实践教学的困境及对策[J].思想教育研究,2011(10).

[32]李影.高校思想政治理论课实践育人的缘起及其历经的发展阶段[J].教育探索,2012(4).

[33]李卫红.马克思哲学作为世界观的实践论解读[J].社会科学战线,2019(9).

[34]李薇薇.新时代高校思政课实践教学:意义、需求与回应[J].北京教育(高教),2021(2).

[35]李薇薇.高校思想政治理论课实践教学与理论教学的互促模式[J].理论视野,2017(2).

[36]李薇薇.高校社会实践育人机制的建构——基于北京科技大学社会实践育人模式的分析[J].思想教育研究,2017(7).

[37]林碧纹.高职院校思想政治理论课实践教学的问题与对策[J].学理论,2014(21).

[38]林丽英.增强高职院校思政课实践教学实效性的几点思考[J].济南职业学院学报,2021(3).

[39]刘教民.构建高校社会实践育人新模式的实践与思考[J],中国高等教育,2014(19).

[40]刘琳.英国德育评述及其对我国德育教育的启示[J].前沿,2006(4).

[41]刘秀芳,刘小文.新时代高校思政课实践教学改革路径的思考[J].大理大学学报,2020(7).

[42]柳礼泉.论思想政治理论课实践教学的形式[J].思想理论教育导刊,2007(3).

[43]梁杰.高职思政课实践教学的心理学解读[J].北京工业职业技术学院学报,2020(1).

[44]梁珊,张云龙.新时代高校思想政治教育实践教学证成的三重逻辑[J].湖北社会科学,2021(1).

[45]卢黎歌.试论高校思想政治理论课教材体系向教学体系的转化[J].教学与研究,2009(11).

[46]卢萧.实践哲学:思想政治教育理论与实践的复归统一[J].思想政治教育研究,2008(2).

[47]鲁洁.教育:人之自我建构的实践活动[J].教育研究,1998(9).

[48]罗国辉.高校思想政治理论课实践教学的困境与对策[J].山西高等学校社会科学学报,2014(10).

[49]栾静.高职院校思想政治理论课实践教学的现状与对策[J].辽宁师专学报(社会科学版),2020(4).

[50]骆郁廷,史姗姗.论马克思主义实践育人的德育思想及其现实价值[J].马克思主义研究,2013(10).

[51]吕春艳.高职院校思想政治理论课实践教学考核评价机制探究[J].大学教育,2019(3).

[52]马奇柯.国外大学生社会实践的经验和启示[J].中国青年研究,2003(3).

[53]马振远,郭建,柴艳萍.高校实践育人工作统筹的必要性与可能性[J].高等农业教育,2012(4).

[54]牟德刚.关于高校思想政治理论课实践课程设置的思考[J].毛泽东思想研究,2006(5).

[55]彭钢.什么是课程?[J].现代特殊教育,2003(Z1).

[56]彭庆红,鲁春霞.高校思想政治理论课实践教学的改革与创新[J].思想教育研究,2014(6).

[57]钱晓蓉,陈颢.新时代高职思政课获得感视阈下实践教学的思考[J].太原城市职业技术学院学报,2019(6).

[58]钱结海.高职院校思想政治理论课实践教学的本体价值[J].内蒙古电大学刊,2013(2).

[59]秦宣.新中国成立60年来高校思想政治理论课沿革及其启示[J].思想理论教育导刊,2009(10).

[60]任皑.马克思实践观的人文意蕴[J].哲学动态,2005(8).

[61]任爱红.中外大学生德育实践活动之比较分析[J].四川教育学院学报,2010(4).

[62]邵宪梅.高校思想政治理论课实践教学需要厘清的几个关系[J].黑龙江教育(理论与实践),2018(9).

[63]佘双好.高校实践德育课程建设的基本内容理论依据和现实策略[J].江南大学学报(人文社会科学版),2004(5).

[64]佘双好.构建与课堂教学相互促进的思想政治理论课实践教学体系[J].思想理论教育导刊,2015(11).

[65]申纪云.高校实践育人的深度思考[J].中国高等教育,2012(Z2).

[66]沈步珍,罗锐.马克思主义实践观对高校思政课实践教学模式建构的启示[J].学校党建与思想教育,2021(14).

[67]沈壮海.论思想政治教育过程的内在构成[J].中国青年政治学院学报,2001(1).

[68]史明涛,徐丽曼,张利国.国外高校实践育人的经验及启示[J].中南民族大学学报(人文社会科学版),2013(5).

[69]宋珺.论实践育人理念在高等教育中的实施[J].思想教育研究,2012(7).

[70]孙彩霞.实践育人理念的理论架构[J].学校党建与思想教育,2012(16).

[71]孙国徽,李冬华,陈秋霞."问题导向、学生主体"的高职思政课实践教学模式研究[J].广州城市职业学院学报,2014(1).

[72]陶利江.论高校思政课实践教学深度体验的层次结构、制约因素及破解路径[J].河南社会科学,2020(11).

[73]汤志华,廖青清.新时代高校思想政治理论课实践教学创新研究[J].思想理论教育导刊,2019(11).

[74]涂德祥.对新建本科院校实践育人创新的若干思考[J].学校党建与思想教育,2012(25).

[75]王恩成,陈建平.高职院校思想政治理论课实践教学模式的重构[J].山西财政税务专科学校学报,2020(1).

[76]王南湜,谢永康.实践概念与马克思主义哲学的创新[J].吉林大学社会科学学报,2004(5).

[77]王南湜,谢永康.走向实践哲学之路——王南湜教授访谈[J].学术月刊,2006(5).

[78]王南湜.理论与实践关系问题的再思考[J].浙江学刊,2005(6).

[79]王南湜.实践观的变迁与哲学的实践转向[J].吉林大学社会科学学报,2002(11).

[80]王南湜.新时期中国马克思主义哲学发展理路之检视[J].天津社会科学,2000(6).

[81]王素玲.高校思想政治课实践教学的回顾与反思[J].黑龙江教育学院学报,2012(5).

[82]王秀阁,王玮.构建思想政治理论课实践教学与理论教学同进互补新模式[J].思想理论教育导刊,2012(8).

[83]王学俭,李永杰.高校思想政治理论课社会实践教学机制创新的思考[J].思想教育研究,2008(2).

[84]汪馨兰,戴钢书.高校思想政治理论课实践教学有效性探究[J].思想教育研究,2011(11).

[85]汪秀霞.基于高职学生特点的思想政治理论课实践教学探索[J].江西电力职业技术学院学报,2020(4).

[86]魏凯,杨珊.高职思想政治理论课实践教学基本问题探析[J].教育与职业,2015(26).

[87]魏银,戴锐.高校青年志愿服务课程化研究——基于现代课程理论视角[J].北京青年政治学院学报,2012(3).

[88]吴琼.大学生德育实践活动的国外借鉴[J].黑龙江教育学院学报,2014(2).

[89]吴亚玲.论构建实践育人的长效机制[J].广东工业大学学报(社会科学版),2011(5).

[90]伍文彬.高职院校思想政治理论课实践教学理念的反思[J].湖北函授大学学报,2015(13).

[91]吴亚玲.实践育人理念的哲学分析[J].现代大学教育,2010(1).

[92]吴亚玲.实践哲学视阈下论思想政治理论课教学的实践性[J].学校党建与思想教育,2011(23).

[93]肖建.我国高校实践育人观的突破、困境与反思[J].江苏高教,2013(5).

[94]熊晓琳,李海春.以社会化教育引导思想政治理论课实践教学改革[J].思想教育研究,2015(3).

[95]徐家林.长效机制建设:高校"思想政治理论课"社会实践教学的可持续性和常态化探讨[J].湖北社会科学,2013(12).

[96]杨国欣,蔡昕.高校实践育人实现路径探析[J].学校党建与思想教育,2019(4).

[97]杨宏志.实践育人的理论与实践——以新乡学院为例[J].国家教育行政学院学报,2012(2).

[98]杨晓慧.课程化:高职院校思政课实践教学优化策略[J].中国职业技术教育,2019(14).

[99]杨增崟.高校思想政治理论课实践教学的困境及突破[J].思想理论教育导刊,2016(10).

[100]叶红,俞永康,郑清奎.美国大学本科教育研究[J].电子科技大学学报(社会科学版),2002(1).

[101]喻长志.高校思政课实践教学对策研究[J].学校党建与思想教育,2019(16).

[102]喻长志.高校思政课实践教学需求调查及对策研究——以马鞍山师范高等专科学校调查为例[J].铜陵学院学报,2020(5).

[103]喻长志.新时代高职高专思想政治理论课实践教学模式初探——以马鞍山师范高等专科学校为例[J].滁州学院学报,2019(4).

[104]喻长志.高职高专院校思想政治理论课实践基地建设初探——以马鞍山师范高等专科学校为例[J].安徽工业大学学报(社会科学版),2018(1).

[105]张春和.新时代高校思想政治理论课实践教学体系的探索与构建——兼论"2018新方案"基本要求的落实落细[J].学校党建与思想教育,2018(17).

[106]张桂华.高校思想政治理论课实践教学机制创新[J].黑龙江高教研究,2014(7).

[107]张红霞,葛连山.高校思想政治理论课实践教学常态化论析[J].思想政治教育研究,2017(6).

[108]张静.国外高校思想教育实践教学的模式研究[J].前沿,2012(17).

[109]张卫良,李金娥.思想的实践——高校思政课实践教学的主体性建构[J].大学教育科学,2011(6).

[110]张卫伟,季淑慧.德育向度:社会实践育人的现实基点[J].北京青年研究,2012(4).

[111]张文显.弘扬实践育人理念构建实践育人格局[J].中国高等教育,2005(Z1).

[112]张彦.新时代高校思想政治理论课实践育人的三大追问[J].思想政治教育研究,2019(3).

[113]张毅翔.思想政治理论课主体性实践教学模式初探[J].思想教育研究,2012(06).

[114]张雨.高职院校思想政治理论课实践教学的探索与思考[J].江苏建筑职业技术学院学报,2020(1).

[115]赵静.对思想政治理论课实践教学中若干关系的思考[J].思想教育研究,2016(8).

[116]赵鸣.系统论视域下思想政治理论课实践教学模式的构建[J].思想理论教育导刊,2014(3).

[117]赵增彦.高校思政课实践育人资源多元化整合与一体化运用[J].东北师大学报(哲学社会科学版),2013(2).

[118]郑颖,闫春丽,张彦平.国外大学生创新能力培养方式探微[J].

农村经济,2003(6).

[119]朱霁.高校思想政治理论课实践育人长效机制探析[J].咸宁学院学报,2011(7).

[120]朱晓刚.构建我国现代大学课程观的理论路径探讨[J].现代大学教育,2009(1).

[121]左鹏.思想政治理论课实践教学研究进展[J].思想教育研究,2011(1).

六、报纸及网络文章

[1]习近平.在同各界优秀青年代表座谈时的讲话[N].人民日报,2013-05-05.

[2]习近平.推动全党学习和掌握历史唯物主义[N].人民日报,2013-12-04.

[3]习近平.青年要自觉践行社会主义核心价值观[N].人民日报,2014-05-05.

[4]习近平.从小积极培育和践行社会主义核心价值观——在北京市海淀区民族小学主持召开座谈会时的讲话[N].人民日报,2014-05-31.

[5]习近平.做党和人民满意的好老师—同北京师范大学师生代表座谈时的讲话[N].人民日报,2014-09-10.

[6]习近平在省部级主要领导干部学习贯彻十八届四中全会精神全面推进依法治国专题研讨班开班式上发表重要讲话[N].人民日报,2015-02-03.

[7]习近平在全国高校思想政治工作会议上强调:把思想政治工作贯穿教育教学全过程　开创我国高等教育事业发展新局面[N].人民日报,2016-12-09.

[8]习近平.继续推进马克思主义中国化时代化大众化[N].人民日报,2017-09-30.

[9]习近平.全面贯彻落实党的十九大精神　以永远在路上的执着把从严治党引向深入[N].人民日报,2018-01-12.

[10]习近平主持召开学校思想政治理论课教师座谈会强调:用新时代中国特色社会主义思想铸魂育人　贯彻党的教育方针落实立德树人根本任务[N].人民日报,2019-03-19.

[11]中共中央国务院.关于加强和改进新形势下高校思想政治工作的意见[N].人民日报,2017-02-28(01).

[12]中办国办印发《意见》 深化新时代学校思想政治理论课改革创新[N].人民日报,2019-08-15.

[13]光明日报评论员.坚持把立德树人作为中心环节[N],光明日报,2016-12-09.

[14]孙正聿.理论及其与实践的辩证关系[N].光明日报,2009-11-24.

[15]重庆擦亮高校思政课堂底色[N].中国教育报,2019-08-20.

[16]探寻提高思政课吸引力的根本路径[N].中国教育报,2020-03-17.

[17]中宣部 中央文明办 教育部 共青团中央关于进一步加强和改进大学生社会实践的意见[EB/OL].http://www.moe.gov.cn/s78/A12/szs_lef/moe_1407/s6869/moe_1413/tnull_20558.html.

[18]教育部等部门关于进一步加强高校实践育人工作的若干意见[EB/OL].http://www.moe.gov.cn/srcsite/A12/moe_1407/s6870/201201/t20120110_142870.html.

[19]中共中央、国务院关于加强和改进新形势下高校思想政治工作的意见[EB/OL].http://www.gov.cn/xinwen/2017-02/27/content_5182502.html.

[20]教育部关于印发《新时代高校思想政治理论课教学工作基本要求》的通知[EB/OL].http://www.moe.gov.cn/srcsite/A13/moe_772/201804/t20180424_334099.html.

[21]教育部关于印发《国家教育事业发展第十二个五年规划》的通知(教发〔2012〕9号)[EB/OL].http://www.moe.gov.cn/srcsite/A03/moe_1892/moe_630/201206/t20120614_139702.html.

七、外文文献

[1]J Dewey. Experience and Education[M]. New York:Macmillan,1983.

[2]Karin Bauer. Adorno's Nietzschean Narratives:Critiques of Ideology[M]. New York:Suny Press,1999.

[3]Jean Anyon. Marx and Education[M]. New York:Routledge,2011.

[4] Peter McLaren. Critical Pedagogy and Marxism[M]. London: Continuum Intl Pub Group, 2013.

[5] Peter E. Jones. Marxism and Education: Renewing the Dialogue, Pedagogy, and Culture[M]. London: Palgrave Macmillan, 2011.

[6] Madan Sarup. Marxism and Education: A Study of Phenomenological and Marxist Approaches to Education[M]. New York: Routledge, 2014.

[7] Hersh R. H., Miller J. P., & Fileding G. D. Models of moral education: An appraisal[M]. Helmet Press, 1980.

[8] Richard D. Van Scotter. Social Foundation of Education[M]. Prentice-hall Inc. New Jersey, 1991.

[9] Catherine Jones, Michael Connolly, Anthony Gear, and Martin Read. Collaborative Learning with Group Interactive Technology: A Case Study with Postgraduate Students [J]. *Management Learning*, 2006, 37.

[10] Leonard Davidman and Patricia Davidman. Teaching with a Multicultural Perspective: A Practical Guide [J]. *NASSP Bulletin*, 1995, 79.

[11] Miriam H. Tees. Teaching Management to Information Professionals: A Practical Approach——Guidelines for Instructors [J]. *IFLA Journal*, 1993, 19.

[12] Pearson A E. Six basics for general managers [J]. *Harvard Business Review*, 1989, 67(4).